W0355565

Liebe Leserinnen, liebe Leser,

Wasser und Salz, das ist nicht nur der Ursprung allen Lebens, sondern auch die Basis des Kochens. Die Sorgfalt bei der Auswahl der Produkte beginnt mit dem Wasser. Die Qualität des Salzes entscheidet dann nicht unwesentlich über die Harmonie des Gerichtes, und zwar durch die dafür notwendige Verstärkung und Verschmelzung der natürlichen Geschmacksstoffe der frischen und schonend gegarten Zutaten.

Meine Großmutter – zu ihrer Zeit eine bekannte Köchin in Marienbad, kochte ausschließlich mit frischem Quellwasser und feinem Kristallsalz oder grobem Meersalz, das sie sich in groben Leinensäcken aus Prag kommen ließ. Meiner Großmutter verdanke ich auch die Liebe und Aufmerksamkeit, gepaart mit einer gewissen Kompromisslosigkeit, für das frische, perfekte Produkt als Grundvoraussetzung allen Kochens und Essens – und damit der Basis für meinen beruflichen Erfolg.

Natürlich sind ein ausgezeichnetes Wasser und ein naturbelassenes Salz Voraussetzung für ein perfektes Gericht. Mit Dr. Barbara Hendel gab es ein augenblickliches Einvernehmen über dieses Thema, und ihre Idee zu diesem Kochbuch war dann nur noch ein kleiner, aber – wie wir jetzt nach der Fertigstellung glauben – nicht unbedeutender Schritt.

Uns hat es sehr viel Spaß gemacht, diese Rezepte mit den frischen Produkten der verschiedenen Jahreszeiten für Sie vorzukochen, und wir hoffen, dass es Ihnen ebensoviel Spaß bereitet, sie nachzukochen. Seien Sie kompromisslos bei der Auswahl der Produkte, die Sie für die Rezepte benötigen – vor allen Dingen aber auch beim Wasser und beim Salz. Viel Spaß, gutes Gelingen und guten Appetit.

Patrik Jaros

ina verlag

Impressum

Zugerstraße 50
CH-6340 Baar

ISBN 3-9522752-1-2

Rezepte + Styling	Patrik Jaros
Rezeptfotos	Raoul Manuel Schnell
Weitere Fotos	siehe Bildnachweis Seite 167
Produktionsleitung	Helge Stüssel-Harzer
Mitarbeit	Martina Dürkop, Anne Malburg
Lektorat	Dr. Rita Krajicek
Layout + Artdirektion	dworak & kornmesser, atelier für kommunikationsdesign, München
Litho	B&W Litho, München
Druck	BAWA Print

Wichtig: Die Nahrungsmittel – insbesondere Fisch und Meeresfrüchte – müssen frisch und in einwandfreiem Zustand sein. Salate müssen sorgfältig gewaschen werden. Personen, die durch Salmonellenvergiftung gefährdet werden können – besonders Ältere, Schwangere, Kleinkinder und immungeschwächte Kranke – sollten vor dem Genuss von rohen Eiern, rohem Fisch und Meeresfrüchten ihren Hausarzt konsultieren.

Patrik Jaros | Dr. Barbara Hendel

Kochen mit Kristallsalz

Bewusst kochen – bewusst genießen

ina verlag

Inhalt

110 Winter

142 Register

Vorwort

von Professor Fritz-A. Popp

Die bedeutendsten Bücher, die in unserer Gesellschaft geschrieben werden können, sind Kochbücher. Das soll keine Schmähung einer intellektuell ausgebrannten Bevölkerung sein, auch keine Resignation vor übermächtiger Zensur. Es ist ein ernst zu nehmender Hinweis auf die Lebenswichtigkeit der Nahrung und ihres Gebrauchs. Ein Volk bleibt nur dann entwicklungsfähig, wenn es mit Lebensmitteln optimal verpflegt, ja umsorgt wird. Nahrung bester Qualität ist und bleibt der Ausgangspunkt der Gesundheit, der Lebensfreude, der geistigen und ethischen Entfaltung, der Entwicklung des Bewusstseins und der evolutionären Kräfte einer Gesellschaft ...

Die bekannten Lebensmittel-Probleme unserer Zeit, wie mikrobielle Kontaminationen, BSE, Fehlernährung mit chronischen Schäden wie Allergien, Rheuma, Kreislauf-Erkrankungen wie Bluthochdruck, Krebs und weitere Begleiterscheinungen, besonders auch im psychischen Bereich, technisches Futter wie Genfood oder Fastfood, Kalorienbomben und Ersatznahrung – ja selbst die Ratlosigkeit und die Unfähigkeit, falscher Ernährung überhaupt noch zu entgehen, alle diese Fanale unterstreichen die Notwendigkeit einer Neubesinnung auch in der Kochkunst, wenn wir als ein Volk nun nicht ausgerechnet am Überfluss zugrunde gehen wollen, nachdem wir die Hungersnöte der letzten Jahrhunderte relativ gesund überstanden haben.

Im Kochtopf vereinigen sich Weisheit und Erfahrung seit Adam & Eva, so das Wissen, was Leib und Seele zusammenhält oder was uns durch geschickte Lagerhaltung vor Notzeiten schützt und andererseits in der richtigen Auswahl der Grundstoffe und Gewürze den Gaumen verwöhnt. Kochen lehrte und lehrt uns, wie wir mit der Natur umzugehen haben, damit sie uns selbst erhält. Gut kochen muss nicht teuer sein. Im Gegenteil: Es erspart uns unvorhersehbare – in vielen Fällen durch falsche Ernährung unaufhaltsame – Folgeschäden. Kochen ist eine Kunst, die gleichwohl Wissenschaften einschließt. Die Chemie muss stimmen. Die Physik lehrt uns zum Beispiel, dass wir wegen des Geschmacks große Oberflächen der Ingredienzen erzeugen sollten, dass wir an Phasengrenzen zwischen Aggregatzuständen der Materie die besten Produkte erreichen, dass wir die Gemenge der Zutaten und die Energiezufuhr sorgfältig und passend einstellen müssen, um neue appetitliche Einheiten aus einer Vielfalt von Einzelstoffen zu bilden. Die Biologie erfordert es, den Konsumenten mit der Speisung optimal zu organisieren, statt ihm kontinuierlich, wie einem Verbrennungsmotor, hohe Energiestöße zu verabreichen. Die Medizin rät uns, Lebensmittel auch als Arznei zu betrachten, in einem wahrhaft „ganzheitlichen" Sinne. Darüber hinaus hat Kochen in der Praxis auch immer eine persönliche Note. Es ist als Botschaft oft an Einzelne mit individuellen Merkmalen adressiert. Die Psychologie lässt es zu, auch diese wichtige Komponente richtig zu erfassen, die Bandbreite der diversen Gefühle und Eindrücke auf den Konsumenten richtig abzustimmen. Gutes Kochen stillt nicht allein den Hunger, sondern befriedigt den gesunden Appetit. Es erneuert möglicherweise sogar die Gesundheit des Appetits dort, wo er durch Fehlernährung missbraucht und in falsche Bahnen gelenkt wurde. Nicht zuletzt weist das Kochen auch eine philosophische Ader auf. So greift der Schlemmer auf andere Speisen zurück als der Asket. Beide Standpunkte sind Extremfälle, zwischen denen sich die Kochkunst entfaltet. Und wenn trotz aller fachübergreifenden Wissenschaftlichkeit alles schief gehen sollte, hilft die Religion: Auch heute noch lassen sich die meisten Götter durch Speiseopfer gnädig stimmen.

In diesem Sinne wünsche ich der Leserin und dem Leser viele wichtige neue Erkenntnisse aus diesem schöpferischen Werk einer erfahrenen Ärztin und eines renommierten Sternekochs, und ich gönne Ihnen die wirklich erlebte Freude an den Köstlichkeiten dieses bedeutenden Buchs.

Kristallsalz – das weiße

Wenn Sie, liebe Leser, mit Kristallsalz noch nie in Berührung gekommen sind, werden Sie sich sicherlich fragen, wie man ein ganzes Kochbuch diesem einfachen Gewürz widmen kann, wo doch Ärzte vor Salzkonsum warnen, in jedem Supermarkt ein Kilogramm Salz für einen Euro und weniger zu bekommen ist, und was dies alles mit gesunder Ernährung zu tun haben soll. Doch Salz ist nicht gleich Salz!

Vom weißen Gold zum weißen Gift

Unsere Urahnen wussten bereits, dass Salz für sie lebensnotwendig war, und hüteten deshalb die Salzfundstellen wie einen kostbaren Schatz. Salz war auch Gegenstand von politischen Auseinandersetzungen und Kriegen, und römische Söldner wurden mit Salz entlohnt, was sich heute noch im englischen Begriff „Salary" für das monatliche Gehalt wiederfindet. Den Menschen der damaligen Zeit war Salz zum Überleben wertvoller als Gold. Sie sehen, von dieser Wertschätzung ist heute nicht viel übrig geblieben. Das Speisesalz, das heutzutage in der Küche Verwendung findet, ist nicht mehr das, was unsere Vorfahren so schätzten. Es ist kein Natursalz mehr, sondern ein raffiniertes, chemisches Produkt, reduziert auf die Stoffe Natrium und Chlorid. Denn für die industriellen Zwecke, für die Salz zu 93 Prozent benötigt wird, stören die natürlichen Mineralien und Spurenelemente und gelten als Verunreinigung.

Salzquellen der Erde

Salz ist auf unserer Erde reichlich vorhanden, vor allen Dingen in den Weltmeeren. Früher wurde Meersalz in so genannten Salzgärten durch Verdunstung des Wassers unter Einwirkung der Sonne geerntet. Leider wird diese traditionelle Salzgewinnung nur noch selten und an ausgesuchten Plätzen für einen kleinen Kreis von Liebhabern praktiziert. Die Produktion ist aufwendig und sehr kostenintensiv. Nur an wenigen geschützten Küsten ist heute die Ernte von natürlichem, unraffiniertem Meersalz überhaupt noch möglich. Denn das Meersalz ist zunehmend durch die Umweltverschmutzung der Ozeane belastet, so dass es schon deshalb raffiniert werden muss. Heute wird das Salz aus dem Meer im großen Stil industriell gewonnen, nicht in erster Linie zum Verzehr, sondern zur chemischen Weiterverarbeitung zu Soda, Waschmitteln oder Plastik. Nur etwa zwei Prozent der Weltsalzproduktion wandern in unsere Küchen.

Ein nicht unerheblicher Salzvorrat unserer Erde liegt je-

Gold

von Dr. Barbara Hendel

doch in Gesteinsform vor. Weitgehend verschont von Umwelteinflüssen entstand es über Jahrmillionen im Schoß der Erde. Über 95 Prozent dieser Salzvorkommen sind jedoch mit anderen Gesteinsmaterialien vermischt. In den Salzbergwerken wird mit Hilfe von Wasser das Salz herausgelöst und in den Siedeanstalten zu Speisesalz eingetrocknet.

Kristallsalz – ein Geschenk der Natur

Nur zu einem kleinen Teil liegt dieses Salz als reines, natürliches kristallines Salz vor. Dieses so genannte Kristallsalz, aufgrund seines Vorkommens auch als Himalaja-Salz bekannt, ist so rein, dass es in seiner ursprünglichen Form, ohne weitere Bearbeitung, zum Verzehr geeignet ist. Meist wird der Salzberg nur von dünnen Kristallsalzadern durchzogen. In bestimmten Regionen dieser Erde allerdings, wie zum Beispiel in Pakistan in der Nähe des Himalaja, entstanden durch besondere geologische Verhältnisse ganze Gebirge aus kristallinem Salz. Hohe Druckverhältnisse haben aus den eingetrockneten Salzkörnchen wunderschöne, funkelnde Kristalle gebildet. Früher den Königen vorbehalten, erobert es derzeit die Gesundheitsszene. Und auch in der Feinschmeckerküche hat dieses Kristallsalz längst seinen festen Platz, denn sein milder Charakter unterstreicht die Aromen der Speisen vorzüglich. Natürlich belassenes Salz enthält praktisch alle Elemente des Periodensystems, denn es handelt sich hierbei um nichts anderes als eingetrocknetes Urmeer, das Medium, aus dem alles Leben hervorging. Zwar lassen sich in diesem Ursalz biochemisch nur etwa 40 Elemente nachweisen, mit modernen Untersuchungsmethoden findet man jedoch die charakteristischen Schwingungsmuster vieler weiterer Stoffe.

Altes Wissen neu entdeckt

Dieses Salz in seiner natürlichen Form beinhaltet alle lebenswichtigen Mineralien und Spurenelemente in einem für unseren Organismus ideal abgestimmten Verhältnis und in einer Form, wie sie auch von unserem Körper aufgenommen werden können. Dieses ursprüngliche, ganzheitliche Salz ist es, was unser Organismus für ein gesundes Funktionieren braucht und was es auch für unsere Vorfahren so wertvoll gemacht hat, dass sie es als „weißes Gold" bezeichneten. So ist der Titel dieses Kochbuches in erster Linie als Hommage an das wiederentdeckte, natürlich belassene Salz zu verstehen, das symbolisch für unveränderte, ganzheitliche Lebensmittel steht.

Die Botschaft der Nahrung

Normalerweise nimmt jeder Mensch mehrmals täglich Nahrung zu sich. Damit sollen dem Körper die Bausteine zur Verfügung gestellt werden, die er braucht, um richtig funktionieren zu können. In diesem Zusammenhang wird von lebensnotwendigen Vitaminen, Mineralien, Spurenelementen, Kohlenhydraten, Eiweiß und Fett gesprochen. Doch angesichts des hohen Verbrauchs an Nahrungsergänzungsmitteln und der enormen Zahl übergewichtiger und kränkelnder Menschen in der so genannten zivilisierten Welt kann eine Unterversorgung mit diesen Stoffen wohl kaum das Problem darstellen. Worin besteht aber dann der entscheidende Wert eines Lebensmittels, wenn nicht in seinem Gehalt an Energie, Vitaminen oder Spurenelementen.

Der wahre Wert der Lebensmittel

Diese Frage hat ganze Generationen von Wissenschaftlern beschäftigt, aber erst heute scheint man einer Antwort näher gekommen zu sein. Besonders der renommierte Biophysiker Professor Fritz-A. Popp hat auf dem Gebiet der Biophotonenforschung hier wichtige Erkenntnisse erlangt: „Der Wert der Nahrung ist mehr als nur ein Gemisch aus seinen Einzelbestandteilen. Im Wesentlichen kommt es auf die ganzheitliche Ordnung der Lebensmittel an“, sagt Professor Popp. So wenig wie ein Gedicht nach der Häufigkeit der verwendeten Buchstaben beurteilt werden kann, sondern als Gesamtkunstwerk gesehen werden muss, so wenig haben Einzelbausteine für den Organismus Bedeutung. Mit einem isoliert eingenommenen Vitamin in Form einer Tablette kann unser Körper nur wenig anfangen. Ist es jedoch Bestandteil einer Frucht, die einem geordneten, natürlichen Bauplan unterliegt, ist es auch für unseren Organismus verwertbar. Diese Erkenntnisse waren die Basis für die Auswahl der Rezepte des vorliegenden Buches.

Vom Licht in unserer Nahrung

Der entscheidende Faktor für den Wert eines Lebensmittels liegt aber in erster Linie in seiner Fähigkeit, uns Ordnung in Form von Licht zu übertragen. Nun werden Sie vielleicht den Kopf schütteln und sich fragen, ob es sich hierbei um eine esoterische Spinnerei handelt. Nein, keineswegs! Professor Popp hat viele Lebensmittel untersucht und dabei herausgefunden, dass qualitativ hochwertige Lebensmittel auch eine hohe Lichtspeicherfähigkeit aufweisen. Wenn ein Lebensmittel nicht mehr die Fähigkeit besitzt, Licht zu speichern, hat es auch keine Ordnung mehr. Voraussetzung für das Speichern von Licht und Information ist eine geordnete geometrische Struktur, wie wir sie in höchster Vollendung in Kristallen finden. Auch Pflanzen, Tiere und Menschen bestehen aus geordneten, geometrischen Strukturen, wenn sie gesund sind. Gesundheit ist Ordnung, Krankheit ist Chaos. Betrachten wir uns einmal das Wort „Lebensmittel“ näher, so wird uns seine

Nahrung

wahre Bedeutung klar. Das Lebensmittel vermittelt Leben, ist also Trägersubstanz von Leben und Information. Lebensmittel im wörtlichen Sinn bedeutet also (Ver)Mittler von Leben. Nicht das Lebensmittel selbst, sondern sein Informationsgehalt ist von Bedeutung.

Das heißt nicht, dass wir keine Kalorien oder Vitamine brauchen, sie sind aber nicht so wichtig wie die Organisationsfähigkeit und auch nur als Teil eines Ganzen zu sehen. Die Qualität der Lebensmittel lässt sich nur verstehen über ihre Auswirkung auf unseren Körper. Wenn Gesundheit Ordnung und Krankheit Chaos bedeutet, dann können wir mit Lebensmitteln, die eine hohe Lichtspeicherfähigkeit besitzen, tatsächlich Ordnung und somit Gesundheit übertragen. Dies ist es, was man unter der Botschaft der Nahrung versteht.

Die Qualität unserer Lebensmittel

Nun werden Sie sich die Frage stellen, welche Lebensmittel dieses Licht enthalten. Prinzipiell gilt, je natürlicher und frischer das Lebensmittel und je weniger an ihm herummanipuliert wurde, desto höher ist auch seine Lichtspeicherfähigkeit. Bei Obst und Gemüse ist besonders die Intensität der Sonnenbestrahlung für die Qualität von entscheidender Bedeutung. Auch die Art der Düngung und der Einsatz von Pestiziden beeinflussen die Qualität. Ein Apfel, der ein halbes Jahr in einer dunklen Gaskammer durch Einsatz von Chemikalien am Verfaulen gehindert wird, hat, wenn überhaupt noch, nur einen Bruchteil von der Lichtspeicherkapazität eines Apfels, der frisch vom Baum gepflückt wurde. Aus diesem Grunde sollten Sie auch den Lebensmitteln den Vorzug geben, die in Ihrer Region wachsen, und zwar zur jeweiligen Erntezeit. Nutzen Sie die Gelegenheit, auf Bauernmärkten einzukaufen. Hier werden frische Produkte aus der Umgebung angeboten, die zudem preislich oft günstiger sind als in den Fachgeschäften.

Auch Fleisch und Fisch sind prinzipiell gute Lichtspeicher, sie haben sogar eine sehr hohe Fähigkeit, Ordnung zu übertragen. Leider ist heutzutage der Fleisch- und Fischkonsum sehr problematisch. Tiere werden unter lebensunwürdigen Bedingungen aufgezogen. Häufig haben sie nie in ihrem Leben Tageslicht gesehen. Hormondosen sollen das Wachstum beschleunigen und Antibiotika vor Infektionen schützen. Würden die Tiere artgerecht aufgezogen, hätte es BSE nie gegeben. Möchten Sie Fleisch und Fisch auf Ihrem Speiseplan, dann sollten Sie eine Möglichkeit suchen, dies nur von natürlich gefütterten und artgerecht aufgezogenen Tieren zu bekommen. Das Gleiche gilt im Übrigen für Eier.

Zeichen der Qualität

Wie erkennen Sie nun, ob die Ware frisch ist oder nicht? Nutzen Sie hierzu Ihre Sinne! Fühlen Sie eine Frucht, riechen Sie an ihr, beurteilen Sie ihr Aussehen. All dies kann Ihnen bei

Ihrer Entscheidung wertvolle Hilfestellung geben. Auch der Geschmack ist in diesem Zusammenhang von großer Bedeutung. Eine Erdbeere, bei Sonnenschein zum richtigen Reifezeitpunkt frisch auf dem Feld gepflückt, schmeckt einfach besser als eine Treibhauserdbeere, die halbgrün geerntet, mit Chemikalien haltbar gemacht und dann in Kühlwägen Tausende von Kilometern gefahren wurde. Eine Erdbeere, die nach nichts schmeckt, enthält weder Vitamine noch ordnendes Licht. Scheuen Sie sich also nicht, vor dem Kauf nach einer Kostprobe zu fragen!

Wenn Sie auf exotische Früchte, die bei uns nicht wachsen, nicht verzichten wollen, ziehen Sie Flugobst vor. Dies wird reif geerntet, weil die Transportzeit kurz ist. Allerdings schlägt sich dieser Luxus auch im Preis nieder.

Wichtig ist auch, wie Sie sich nach dem Essen fühlen. Bei qualitativ hochwertigen Lebensmitteln im Sinne seiner ordnenden Fähigkeit stellt sich nach dem Verzehr ein behagliches Wärmegefühl ein. Dieses Gefühl ist ein Zeichen dafür, dass Ordnung übertragen wurde.

Bearbeitung von Lebensmitteln

Generell ist die Lichtspeicherfähigkeit der Lebensmittel im unbehandelten Zustand am besten. Die Bearbeitung, sprich das Kochen von Nahrung, kann jedoch durchaus sinnvoll sein. Fleisch zum Beispiel ist für uns im gegarten Zustand besser verträglich, da sich unser Organismus im Laufe der Evolution darauf eingestellt hat. In der Tat ist auch der Qualitätsverlust durch Kochen bei Fleisch und Fisch nicht dramatisch. Auch Kartoffeln oder grüne Bohnen sind im gekochten Zustand für uns bekömmlicher als in rohem. Besonders in den Herbst- und Wintermonaten besteht der Wunsch nach einer warmen Mahlzeit. Diesem Bedürfnis sollten Sie in jedem Falle nachgehen. Achten Sie darauf, die Lebensmittel nicht zu verkochen, sondern nur kurz zu dünsten, um ihre Wirkstoffe und ihren Informationsgehalt nicht zu zerstören.

Wenn Sie nun fragen, wie die optimale Ernährung aussehen sollte, so lässt sich dies nicht pauschal beantworten. Die richtige Ernährung in diesem Sinne gibt es nicht, sondern nur die individuell optimierte. Subjektive Komponenten spielen hier eine entscheidende Rolle. So dürfte es vermutlich besser sein, Chinesen mit Reis und Europäer oder Amerikaner mit Kartoffeln oder Weizen zu ernähren, obwohl es sich aus biochemischer und auch ordnender Sicht um gleichwertige Nahrung handeln kann. 1943 starben in Bengalen drei Millionen Menschen, weil man versucht hatte, ihnen ihre gewohnten, aber knapp gewordenen Reisvorräte durch Weizen zu ersetzen. Eskimos würden erfrieren, wenn wir ihnen statt des gewohnten rohen, fettreichen Fisches pflanzliche Kost vorsetzen würden, und umgekehrt würden wir Europäer erhebliche Verdauungsprobleme bekommen, müssten wir uns ausschließlich von rohem Fisch ernähren. Selbst innerhalb einer Rasse kann es große Unterschiede geben. Während der eine Rohkost und Vollkorn prächtig verträgt, verursachen sie bei dem anderen Verdauungsprobleme. In diesen Fällen sollte das Gemüse, aber auch das Obst leicht gedünstet, das Korn fein ausgemahlen werden. Hören Sie auf Ihren Körper, und lernen Sie seine Signale zu verstehen, er sagt Ihnen ganz genau, was Ihnen gut tut und was nicht. Beobachten Sie, wie viel Sie essen müssen,

um satt zu werden, oder wie wenig Ihnen genügt, um wirklich befriedigt zu sein. Befriedigt auch in dem Sinne, dass sich durch das Essen ein Wohligkeitsgefühl einstellt.

Auf den gesunden Appetit hören

Unzählige Male wurde mir von meinen Patienten die Frage gestellt: Wie soll ich mich ernähren, was darf ich essen? Meine Antwort darauf, „alles, worauf Sie gesunden Appetit haben", löste ungläubiges Staunen und Erleichterung gleichzeitig aus. Was aber ist „gesunder Appetit"? Mit Heißhunger auf Süßigkeiten oder Fastfood hat das freilich nichts zu tun. Sich von seinem gesunden Appetit leiten zu lassen funktioniert nur, wenn es sich um unverfälschte Lebensmittel handelt. Das Problem ist nämlich, dass der Mensch nur bei dieser Nahrung das bekommt, wonach sein Appetit verlangt. Ansonsten wird zwar gegessen, aber ohne richtig satt zu werden, weil der gesunde Appetit nicht befriedet wurde. Untersuchungen mit Katzen haben gezeigt, dass die Katzen, die mit qualitativ minderer Dosennahrung gefüttert wurden, auch wesentlich mehr gefressen haben als jene Tiere, die sich von frischen Mäusen ernährten. Dies lässt sich auch auf den Menschen übertragen, womit wir eine Erklärung für die hohe Zahl übergewichtiger Menschen in den so genannten zivilisierten Ländern hätten.

Kochen mit Bewusstsein

Sammeln Sie also Erfahrungen, um wieder zu Ihrem gesunden, natürlichen Appetit zurückzufinden, und entwickeln Sie ein Bewusstsein, das Sie gute von schlechten Lebensmitteln unterscheiden lässt.

Achten Sie auch auf eine basische Ernährungsform, denn die Übersäuerung ist die Ursache für viele Krankheiten und Fehlfunktionen des Körpers. Eine ausgewogene Ernährung setzt sich zu drei Vierteln aus basischen und zu einem Viertel aus Säure bildenden Nahrungsmitteln zusammen. Dabei ist es wichtig zu wissen, dass es nicht darauf ankommt, ob die Speisen sauer schmecken, sondern wie sie im Körper verstoffwechselt werden. Zitronen beispielsweise schmecken zwar sauer, weil sie viel Fruchtsäure enthalten, im Körper werden sie jedoch zu Basen verstoffwechselt. Zu den basischen Lebensmitteln zählen praktisch alle Obst- und Gemüsesorten, Salate, Sprossen und Kartoffeln. Säurelieferanten sind dagegen alle Süßigkeiten, die meisten Getreideprodukte, Fleisch, Fisch, Wurstwaren, Eier, Milchprodukte, Kaffee, Tee und Alkohol. Neutral sind einige Nusssorten, pflanzliche Öle und stilles Wasser. Alles ist aber eine Frage von Menge und Häufigkeit. Gehen Sie niemals dogmatisch vor. Eine Esssünde lässt sich leicht am nächsten Tag ausgleichen, ein frustrierter Abend hat Ihnen jedoch für diese Stunden das Wichtigste genommen, die Lebensfreude. Ein schönes Essen im Kreise der Familie, mit Freunden oder nur zu zweit ist eines der schönsten Dinge, die wir tun können. Essen bedeutet Genuss, Freude, Wohlfühlen und Befriedigung eines elementaren Bedürfnisses. Dem bewussten Essen gehört die Zukunft. Eine Mahlzeit soll neben Genuss den Körper auch in einen Zustand der Belebung versetzen, ihn ordnen und informieren – das ist die Botschaft der Nahrung.

In diesem Sinne wünsche ich Ihnen viel Spaß beim Kochen und einen gesunden Appetit!

Der Frühling: Früh

Mir den ersten warmen Sonnenstrahlen erwacht auch wieder die Natur. Jetzt erhalten Sie die zartesten Gemüse- und Salatsorten auf dem Markt. Und auch im eigenen Garten können Sie die Zucchiniblüten frisch ernten.

ling

Löwenzahn

Löwenzahnsalat mit gekochten Wachteleiern und Radieschen

Zutaten für 4 Personen

500 g wilder Löwenzahnsalat
16 Wachteleier
2 Bund Weißpunktradieschen
1/2 Lauchzwiebel, in Ringe geschnitten

8 EL Sonnenblumenöl
5 EL Apfelessig
1 EL brauner Rohzucker
2 TL feiner Senf, mittelscharf
Kristallsalz
schwarzer Pfeffer aus der Mühle

1. Wilden Löwenzahnsalat gut waschen und Stielansatz abschneiden. Wachteleier in kochendes Wasser geben und 1 Minute kochen lassen. Herausnehmen, in kaltem Wasser abschrecken und vorsichtig pellen. Radieschen vom Grün trennen und der Länge nach in Scheiben schneiden.

2. Für die Vinaigrette alle Zutaten außer Öl verquirlen, danach Öl langsam einlaufen lassen und gut verrühren. Löwenzahnsalat durch die Vinaigrette ziehen und auf Tellern verteilen.

3. Radieschenscheiben dazugeben und sofort mit Kristallsalz würzen, damit diese noch etwas Wasser ziehen können – das macht die Radieschen milder und bekömmlicher.

4. Wachteleier halbieren und jeweils 8 Hälften über den Löwenzahnsalat geben. Zum Schluss mit der restlichen Vinaigrette beträufeln und mit Lauchzwiebelringen bestreuen.

ZUBEREITUNGSZEIT: 30 MIN.

Tipp

Den Löwenzahn immer vor der Blütezeit ernten, da der Geschmack lieblicher ist und die ganze Kraft noch in den Blättern steckt. Wenn Ihnen der Löwenzahn zu bitter ist, die Blätter kurz unter das heiße Wasser des Leitungshahns halten, das nimmt den bitteren Geschmack.

Mayonnaise

Zutaten für etwa 500 ml

1 Ei

2 Eigelbe

4 EL flüssige Sahne

1/2 TL scharfer Senf

300 ml Sonnenblumenöl

Saft von 1/2 Zitrone

Cayennepfeffer

Kristallsalz

1 Prise brauner Rohzucker

Ei, Eigelbe, Sahne, Senf und Sonnenblumenöl in ein hohes Gefäß geben. Pürierstab auf dem Boden des Gefäßes ansetzen und auf niedrigster Stufe langsam von unten nach oben ziehen. Mit Zitronensaft, Cayennepfeffer, Kristallsalz und Rohzucker abschmecken. In ein Schraubglas füllen, fest verschließen und im Kühlschrank aufbewahren. Hält sich gut eine Woche.

Rohes Gemüse mit verschiedenen Dips

1. Staudensellerie waschen und Stangen ablösen. Karotten schälen, Salatgurke schälen und Kerngehäuse mit einem kleinen Löffel herauskratzen. Paprika halbieren und entkernen. Fenchel ebenfalls halbieren und vom Strunk befreien. Lauchzwiebeln waschen und ein Drittel des Grüns abschneiden.

2. Staudensellerie, Karotten, Paprika, Fenchel und Salatgurke in etwa 1/2 cm dicke und 5 cm lange Stifte schneiden. Gemüse bis zur Weiterverarbeitung in ein feuchtes Tuch wickeln und kühl stellen.

3. Für den Knoblauch-Kräuter-Dip in einer Schüssel Joghurt mit Knoblauch, fein geschnittenem Schnittlauch und Petersilie sowie Zitronensaft vermischen. Mit Kristallsalz, Rohzucker und schwarzem Pfeffer abschmecken.

4. Für den Cocktail-Dip die Mayonnaise in eine Schüssel geben und mit den anderen Zutaten zu einer glatten Sauce verrühren. Mit Kristallsalz und Cayennepfeffer pikant abschmecken. Beide Dips in Schälchen gießen und mit dem Gemüse auf einer Platte anrichten.

ZUBEREITUNGSZEIT: 20 MIN.

Tipp

Passen Sie das Rezept der Jahreszeit an: Im Winter z.B. mit Petersilienwurzeln, Karotten, Schwarzwurzeln oder Kohlrabi.

Zutaten für 4 Personen

4 Stangen Staudensellerie
2 Karotten
1 Salatgurke
je 1 rote, grüne und gelbe Paprikaschote
1 Fenchelknolle
1 Bund Lauchzwiebeln

Knoblauch-Kräuter-Dip:

200 g griechischer Joghurt
1 Knoblauchzehe, fein gehackt
1 Bund Schnittlauch
1/2 Bund Blattpetersilie
Saft von 1 Zitrone
Kristallsalz
1/2 TL brauner Rohzucker
schwarzer Pfeffer aus der Mühle

Cocktail-Dip:

150 g Mayonnaise
4 EL Tomatenketchup
2 cl Cognac
1 TL Meerrettich, frisch gerieben
Saft von 1/2 Orange
Kristallsalz
Cayennepfeffer

Salat von Brunnenkresse und weißem rohem Spargel

1. Brunnenkresse waschen und Blätter und Spitzen abzupfen. Salat verlesen, waschen, in mundgerechte Stücke zupfen und zur Brunnenkresse geben.

2. Spargel schälen und holzige Enden abschneiden. Mit dem Sparschäler dünne Scheiben vom Spargel abschälen (so bekommen Sie am besten dünne und gleichmäßige Spargelstreifen).

3. In der Zwischenzeit Zitronensaft, Weißweinessig, Rohzucker, Kristallsalz, Pfeffer und Senf verrühren und beide Öle langsam mit einem Schneebesen einrühren.

4. Brunnenkresse und Romana-Salat mit einigen Löffeln Vinaigrette anmachen und auf Tellern verteilen. Rohe Spargelstreifen über dem Salat verteilen und mit restlicher Zitronenölvinaigrette beträufeln. Spargel zum Schluss noch mit etwas Kristallsalz aus der Mühle und Pfeffer bestreuen.

Zutaten für 4 Personen

2 Bund Brunnenkresse
1 kleiner Romana-Salat
250 g weißer badischer Spargel
1/2 Bund Blattpetersilie, gezupft

4 EL Zitronen-Olivenöl
4 EL Olivenöl extra vergine
3 EL Zitronensaft
3 EL Weißweinessig
1 EL brauner Rohzucker
1 TL feiner Senf
Kristallsalz
schwarzer Pfeffer aus der Mühle

ZUBEREITUNGSZEIT: 20 MIN.

Tipp

Wenn Sie den Spargel kochen, sollten Sie ihn niemals aufwärmen. Durch seinen hohen Nitratgehalt entstehen beim Kochen giftige Nitritverbindungen.

Rote-Beete-Carpaccio mit Sauerampfer und Schwarzbrotcroûtons

Zutaten für 4 Personen

8 Stück mittelgroße Rote Beete, mit Grün
1 Bund Sauerampfer
4 EL Sonnenblumenöl
2 EL Zitronensaft
4 Scheiben Schwarzbrot
40 g beste Bauernbutter
grobes Kristallsalz
schwarzer Pfeffer aus der Mühle

1. Rote Beete schälen und roh in hauchdünne Scheiben schneiden. Das geht am besten entweder auf einer Aufschnittmaschine oder mit einem feinen Hobel. Die Rote Beete flach auf einem großen Teller ausbreiten.

2. Gewaschene und in 2 cm dicke Streifen geschnittene Sauerampferblätter mit auf den Teller geben. Kurz vor dem Servieren mit Öl und Zitronensaft beträufeln.

3. Dazu Schwarzbrot großzügig mit Butter bestreichen, mit grobem Kristallsalz und schwarzem Pfeffer bestreuen.

ZUBEREITUNGSZEIT: 15 MIN.

Tipp

Rote Beete am besten im rohen Zustand verwenden oder kurz gedämpfen, da durch langes Kochen die hitzeempfindlichen Folsäuremoleküle zerstört werden.

Grünkern

Grünkernsalat mit Ziegenfrisch-käse im Kräutersalzmantel

Zutaten für 4 Personen

200 g Grünkernschrot
6 EL Olivenöl extra vergine
Saft von 1 1/2 Zitronen
1 weiße Zwiebel, fein gewürfelt
1/2 Knoblauchzehe, fein gehackt
3 Tomaten, abgezogen und entkernt
1 Bund Petersilie, fein gehackt
4 kleine Ziegenfrischkäse
2 EL grobes Kristallsalz
1 TL Thymianblätter, gezupft
1 TL Oreganoblätter, gezupft
einige Blätter Wurzelspinat

1. Grünkernschrot in 100 ml Mineralwasser etwa 1 1/2 Stunden aufquellen lassen.

2. Thymian und Oreganoblätter mit Kristallsalz vermischen, die Ziegenkäse darin wenden und beiseite stellen.

3. Grünkern mit Olivenöl, Zitronensaft, Knoblauch, Zwiebelwürfeln, Petersilie und in kleine Würfel geschnittenen Tomaten vermischen und noch etwa 10 Minuten marinieren lassen.

4. Teller mit einigen gewaschenen Wurzelspinatblättern auslegen und Grünkernsalat darauf anrichten. Zum Schluss den in Kräuterkristallsalz gewendeten Ziegenfrischkäse dazulegen.

ZUBEREITUNGSZEIT: 30 MIN. UND 1 1/2 STD. EINWEICHZEIT FÜR GRÜNKERN

Tipp

Ideal auch mit Bärlauch, in dem gewaltige Kräfte schlummern. Seine Wirkung ist vergleichbar mit der des Knoblauchs, er ist jedoch noch heilkräftiger und zugleich milder im Geschmack.

Zucchini

Gefüllte Zucchiniblüten mit Quark-Schnittlauch-Füllung

1. Kartoffeln gut waschen und ungeschält in Spalten schneiden. In eine große, feuerfeste Form geben. Knoblauchzehen in der Schale, Kümmel, grobes Kristallsalz und Olivenöl darüber geben und im vorgeheizten Ofen bei 200 °C etwa 20 Minuten goldgelb backen. Die Kartoffeln gelegentlich mit einem Spachtel vorsichtig wenden.

2. Quark und Ricotta, Knoblauch, Eigelb und Ei vorsichtig mischen. Weißbrot und Schnittlauchröllchen zugeben, mit Kristallsalz und weißem Pfeffer würzen. Zucchiniblüten mit der Masse füllen und Blütenspitzen zusammendrücken.

3. Butter und Öl in einer Pfanne erhitzen, Zucchiniblüten in die Pfanne legen und sanft von allen Seiten braten (insgesamt 8 bis 10 Minuten). Kurz vor Ende der Garzeit fein geschnittene Basilikumblätter über die Zucchiniblüten geben und damit aromatisieren.

4. Zucchiniblüten auf Tellern anrichten und mit etwas Butter begießen. Kümmelkartoffeln dazu servieren.

ZUBEREITUNGSZEIT: 40 MIN.

Zutaten für 4 Personen

12 Zucchiniblüten
100 g Magerquark
80 g Ricotta
1 Knoblauchzehe, fein gehackt
1 Ei
1 Eigelb
2 EL geriebenes Weißbrot
1/2 Bund Schnittlauch, in Ringe geschnitten
Kristallsalz
weißer Pfeffer aus der Mühle
20 g Butter
30 ml Olivenöl extra vergine
3 Basilikumblätter, fein geschnitten

500 g Frühjahrskartoffeln, ungeschält
1 Knolle Knoblauch, Zehen ausgelöst
1/2 TL Kümmel
3 EL Olivenöl
grobes Kristallsalz

Tipp

Achten Sie beim Kauf darauf, dass die Zucchinis noch frisch und jung sind, da sie im Gegensatz zu den großen, wasserhaltigen Zucchinis wesentlich mehr Vitalstoffe enthalten.

Kartoffeln

Kartoffelomelette mit Kräuterseitlingen und Basilikum

Zutaten für 4 Personen

500 g fest kochende Kartoffeln, geschält
4 EL Sonnenblumenöl
1 Zwiebel, halbiert und in Streifen geschnitten
6 frische Landeier
1/2 Bund Basilikum, in Streifen geschnitten
300 g Kräuterseitlinge (Pilze), geputzt
30 g Butter
1/2 Bund Petersilie, fein gehackt
etwas Schnittlauch zur Garnitur
Kristallsalz
schwarzer Pfeffer aus der Mühle

1. Geschälte rohe Kartoffeln in etwa 1 cm dicke Scheiben schneiden. In einer großen, beschichteten Pfanne Öl erhitzen und Kartoffeln darin hellgelb braten. Mit Kristallsalz würzen. Zwiebelstreifen zugeben und diese glasig werden lassen.

2. Eier in eine Schüssel aufschlagen, Basilikumstreifen zugeben und mit einer Gabel die Eier verschlagen. Dabei darauf achten, dass die zähflüssige Konsistenz der Eier nicht zu sehr zerschlagen wird, damit das Omelette locker bleibt. Eier zu den Kartoffeln geben und ein Omelette formen.

3. In der Zwischenzeit in einer zweiten Pfanne Butter aufschäumen lassen und Pilze darin anbraten. Mit Kristallsalz und Pfeffer würzen. Zum Schluss die gehackte Petersilie unterschwenken und über das auf einer Platte angerichtete Omelette geben. Mit Schnittlauchstangen garnieren und sofort servieren.

ZUBEREITUNGSZEIT: 30 MIN.

Tipp

Tauschen Sie einmal die Kartoffeln und Kräuterseitlinge gegen Kohlrabi und Mairitterlinge aus. Bereiten Sie das Omelette auf die gleiche Art zu und geben zum Schluss noch eine Hand voll Kerbelblätter unter die verschlagenen Eier.

Dorade mit Orangen und Fenchelgras

Zutaten für 4 Personen

4 Doraden, geschuppt und ausgenommen
1 EL zerstoßene Fenchelsamen
einige Stängel Fenchelgras
1 Orange, in dünne Scheiben geschnitten
Kristallsalz
100 ml trockener Weißwein
Pergamentpapier zum Einwickeln

1. Doraden mit einem Küchenpapier von innen und außen trockentupfen. In die Bauchöffnung Kristallsalz, Fenchelsamen, Fenchelgrasstängel und Orangenscheiben geben. Von außen ebenfalls salzen und mit Fenchelsamen bestreuen. Jede Dorade auf ein Pergamentpapier legen, mit etwas Weißwein begießen und das Papier locker über dem Fisch zusammenfalten und verschließen.

2. Doraden auf einem Blech oder in einer feuerfesten Form in den auf 240 °C vorgeheizten Ofen geben und 15 bis 20 Minuten garen.
Aus dem Ofen nehmen und im Pergamentpapier auf Teller legen. Jeder öffnet sein Paket am Tisch selbst und kann so den wunderbaren Duft als Vorfreude auf das Essen einatmen.

ZUBEREITUNGSZEIT: 40 MIN.

Tipp

Roher Fenchel entwickelt sich, mit einem Schuss Olivenöl und frischem Zitronensaft angemacht, zu einem duftenden, wohlschmeckenden Gesundheitscocktail.

Tipp

Wenn es schnell gehen soll: Rohes Fischfilet ungebeizt dünn wie ein Carpaccio aufschneiden und mit der Kristallsalzbeize bestreuen.

Gebeizter Seesaibling mit roten Zwiebeln und Pellkartoffeln

1. Für die Beize alle Zutaten in einen Küchenmixer geben und mit einigen Intervallen grob mixen. Über den Seesaiblingsfilets verteilen, abdecken und in den Kühlschrank geben. Nach 1 Stunde wenden und 1 weitere Stunde beizen.

2. Kartoffeln mit Schale gründlich waschen, in einem Topf mit Wasser, Kümmel und Salz zum Kochen bringen und in etwa 20 Minuten gar kochen. In der Zwischenzeit Sauerrahm mit fein geschnittenem Dill, Zitronensaft, Kristallsalz und weißem Pfeffer abschmecken. Das Kochwasser abschütten, die Kartoffeln ausdämpfen lassen, pellen und in eine Schüssel geben.

3. Seesaiblingsfilets aus der Beize nehmen, mit einem Messerrücken die restliche Beize vom Filet abstreifen und dünn aufschneiden.

4. Rote Zwiebelscheiben auf Tellern verteilen, darauf den aufgeschnittenen Seesaibling legen. Pellkartoffeln dazulegen und mit Kräutersauerrahm übergießen.

ZUBEREITUNGSZEIT: 2 1/2 STD.

Zutaten für 4 Personen

2 Seesaiblingsfilets, mit Haut und ohne Gräten etwa 800 g
500 g kleine, fest kochende Kartoffeln
1/2 TL Kümmel
200 g Sauerrahm
1 kleines Bund Dill, fein geschnitten
Saft von einer 1/2 Zitrone
Kristallsalz
weißer Pfeffer aus der Mühle
2 rote Zwiebeln, in dünne Scheiben geschnitten

Beize:
1 Bund Dill, grob geschnitten
100 g brauner Rohzucker
110 g grobes Kristallsalz
1/2 TL Pimentkörner
1 EL Wacholderbeeren
Schale von 1 Zitrone, mit Sparschäler geschält
Schale von 1 Orange, mit Sparschäler geschält
5 Lorbeerblätter
1 EL Korianderkörner
2 Nelken
1 EL Anissamen

Forelle

Lachsforelle in der Kristallsalz-kruste mit Dillsauce

Zutaten für 4 Personen

1 Lachsforelle von etwa 1,2 kg
1 unbehandelte Zitrone, in Scheiben
10 weiße Pfefferkörner
einige Zweige frisches Fenchelgras
3 kg grobes Kristallsalz
3 Eiweiß

Dillsauce:

1 Schalotte, fein gewürfelt
3 Champignons, in Scheiben geschnitten
20 g Butter
200 ml Champagner
5 cl Noilly Prat
250 g Sahne
150 g Crème fraîche
Saft von einer 1/2 Zitrone
Kristallsalz
etwas Cayennepfeffer
1 Bund Dill, fein geschnitten

1. Lachsforelle von innen und außen gut waschen, Kiemen entfernen. Haut entlang der Rückenflosse mit einem scharfen Messer vorsichtig einschneiden. Lachsforelle mit zerstoßenen Pfefferkörnern, Zitronenscheiben und einigen Zweigen Fenchelgras füllen.

2. Kristallsalz mit Eiweiß mischen. Backblech mit Aluminiumfolie auslegen. Einen Teil der Salzmasse – etwas größer als der Fisch – 1 cm dick auf dem Backblech ausbreiten, Fenchelzweige und Lachsforelle darauf legen. Mit dem restlichen Fenchelgras und Kristallsalzmasse bedecken, gut andrücken und einen Fischkörper formen.

3. Den Fisch für 35 Minuten bei 230 °C in den vorgeheizten Ofen geben und garen.

4. In der Zwischenzeit für die Dillsauce Schalotten und Champignons in Butter anschwitzen. Mit Champagner und Noilly Prat ablöschen und vollständig einkochen lassen. Crème fraîche und Sahne zugeben, aufkochen lassen. Mit Zitronensaft, Kristallsalz und Cayennepfeffer abschmecken, pürieren und passieren. Zum Schluss fein geschnittenen Dill in die Sauce geben und nicht mehr kochen, da der Dill sonst an Geschmack verliert. Salzkruste aufklopfen und vom Fisch entfernen. Haut abziehen, Filets auf Teller geben, mit Dillsauce begießen und sofort servieren. Dazu passen am besten kleine Salzkartoffeln oder Kartoffelschnee.

ZUBEREITUNGSZEIT: 1 STD.

Tipp

Dill ist eine Art wilder Fenchel. Sie können sowohl die Samen als auch die Blätter benutzen, denen große Heilwirkung nachgesagt wird.

Mangold

Stubenküken mit Mangoldgemüse

1. Stubenküken filetieren, Brüste und Keulen mit etwas Paprikapulver und gewürztem Kristallsalz einreiben und kurz stehen lassen. In einer Schwenkkasserolle Butter und Öl erhitzen und Stubenkükenteile mit der Hautseite nach unten einlegen. Während des Bratens die Kasserolle ständig schwenken, so kann das Fleisch nicht festbraten und bekommt dadurch eine gleichmäßige Bräune.

2. In der Zwischenzeit Mangold waschen und in grobe Stücke schneiden. Lauch in schräge 2 cm dicke Scheiben schneiden. Butter aufschäumen lassen und zuerst Lauch zugeben. Mit Kristallsalz und frisch geriebener Muskatnuss würzen und gut abgetropften Mangold zugeben. Bei großer Hitze das Gemüse schnell zusammenfallen lassen und nach etwa 2 Minuten auf Tellern anrichten.

3. Unmittelbar vor dem Anrichten Kerbel darüber streuen. Gebratene Stubenkükenteile darauf platzieren. Bratensatz mit 2 Esslöffeln Wasser lösen und über das Mangoldgemüse gießen.

ZUBEREITUNGSZEIT: 35 MIN.

Tipp

Pro Person nicht mehr als 200 Gramm Mangold servieren. Bei übermäßigem Genuss kann die enthaltene Oxalsäure sich mit Kalzium verbinden, das dann nicht mehr bioverfügbar ist.

Zutaten für 4 Personen

4 Stubenküken à 350–400 g
(ersatzweise 2 Hühnchen)
gewürztes Kristallsalz (Rezept s. S. 117)
1 Prise Paprikapulver, edelsüß
20 g Butter
1 EL Olivenöl zum Braten

1 Bund junger Mangold
1 Bund kleine Lauchstangen, geputzt
1 EL Kerbel, grob geschnitten
30 g Butter
frisch geriebene Muskatnuss

Gegrillte Lammkoteletts auf jungem Spinatgemüse

1. Geschnittene Lammkoteletts auf ein flaches Tablett geben und mit Olivenöl, Rosmarin und Thymian einreiben und eine halbe Stunde darin marinieren. Grillplatte vorheizen.

2. Spinat gut waschen und die Blätter von den Stielen zupfen. Dieser Spinat macht zwar mehr Arbeit beim Putzen, ist geschmacklich aber besser und nussiger. Gewaschenen Spinat in der Salatschleuder trockenschleudern.

3. Butter erhitzen, bis sie goldgelb ist (Nussbutter), dann trockenen Spinat dazugeben. Knoblauchzehe auf eine Fleischgabel spießen und mit dieser den Spinat umrühren. Der Knoblauch gibt so sein Aroma ab, ohne dass man später auf Stücke beißt. Mit Kristallsalz, Pfeffer und reichlich frisch geriebener Muskatnuss würzen.

4. In der Zwischenzeit die marinierten Lammkoteletts von beiden Seiten 3 bis 5 Minuten grillen und zum Schluss mit gewürztem Kristallsalz bestreuen. Spinat auf Teller geben und Lammkoteletts dazu servieren.

Zutaten für 4 Personen

16 kleine Lammkoteletts
2 EL Olivenöl extra vergine
1 TL Thymianblätter, gezupft
1 TL Rosmarinnadeln, fein geschnitten
frisch geriebene Muskatnuss
gewürztes Kristallsalz (Rezept s. S. 117)
1 kg junger Wurzelspinat, mit Stielen
1 Knoblauchzehe, geschält
50 g Butter
Kristallsalz
schwarzer Pfeffer aus der Mühle

ZUBEREITUNGSZEIT: 45 MIN.

Tipp

Greifen Sie zu zartblättrigem, jungem Spinat, der sich auch gut für Rohkostteller eignet und sich sehr viel leichter waschen lässt.

Himbeeren mit Lavendelhonig

Himbeeren verlesen und auf vier Schalen verteilen.
Lavendelhonig über die Himbeeren geben und mit Lavendelnadeln und Rosenblättern bestreuen.

ZUBEREITUNGSZEIT: 10 MIN.

Tipp

Da die Blätter der Duftrose nicht immer verfügbar sind, kann man auch Lavendelblüten verwenden. Vorsicht bei der Dosierung, da diese sehr intensiv schmecken.

Zutaten für 4 Personen

500 g frische Himbeeren
4 EL Lavendelhonig
einige grüne Nadeln Lavendel
einige Blätter von rosa Duftrosen

Erdbeeren

Erdbeer-Quarkspeise mit Zitronenschale und Vanille

1. Frischen Rahmquark in eine Schüssel geben. Sahne, Rohzucker, Kristallsalz, fein abgeriebene Zitronenschale und Zitronensaft unterrühren. Vanilleschoten der Länge nach halbieren und mit der Rückseite des Messers das Mark auskratzen. Zum Quark geben und gut verrühren. Für eine halbe Stunde in den Kühlschrank geben, damit Vanille und Zitronenschale ihr Aroma entfalten können.

2. Erdbeeren abwaschen und auf ein Küchenpapier zum Abtrocknen geben. Strunk herausziehen und Erdbeeren halbieren. Quarkspeise auf Schalen verteilen, halbierte Erdbeeren hineingeben. Wer es süß mag, streut noch etwas Rohzucker und Zitronenschale darüber.

Zutaten für 4 Personen

750 g frischer Rahmquark
200 g Sahne
100 g brauner Rohzucker
1 Prise Kristallsalz
2 Vanilleschoten
abgeriebene Schale und Saft von
1 unbehandelten Zitrone
500 g frische Erdbeeren

ZUBEREITUNGSZEIT: 40 MIN.

Tipp

Himbeeren, Johannisbeeren, Kirschen, Pflaumen oder Heidelbeeren – auch diese Früchte schmecken hervorragend mit dieser einfachen Quarkspeise.

Ananas

Flugananas mit Minzzucker und Kokoslikör

Zutaten für 4 Personen

1 Flugananas
8 cl Kokoslikör
100 g brauner Rohzucker
1 Bund Minze
1 Prise Kristallsalz

1. Ananasgrün und Boden abschneiden und die Ananas mit einem biegsamen Messer schälen. Danach die Ananas auf die Seite legen und die Augen keilförmig herausschneiden. Ananas in etwa 2 cm dicke Scheiben schneiden, den Strunk belassen. Meist ist dieser so zart, dass er mitgegessen werden kann. Die Scheiben in einen flachen Behälter legen, mit etwas Kokoslikör marinieren und für 1 Stunde in den Kühlschrank geben.

2. In der Zwischenzeit Minzeblätter abzupfen und einige als Garnitur beiseite legen. Im Küchenmixer Rohzucker, Kristallsalz und Minzeblätter fein pürieren. In ein gut verschließbares Glas geben und ebenfalls an einem gekühlten Ort aufbewahren.

3. Gekühlte Ananasscheiben auf Tellern verteilen und mit restlichem Kokoslikör beträufeln. Mit Minzzucker bestreuen und mit Minzeblättern garnieren.

ZUBEREITUNGSZEIT: 70 MIN.

Tipp

Fluganananas sind Ananas, die reif geerntet und meistens innerhalb von 24 Stunden vom Ursprungsland an den Bestimmungsort geliefert werden – und zwar per Flugzeug. Flugananas ist immer teurer, aber wenn man den richtigen Ananasgeschmack erleben möchte, dann sollte es immer Flugananas sein.

Sonn

Der Sommer:

Eine überwältigende Vielzahl von Früchten, Gemüsesorten und Salaten betört unsere Sinne. Jetzt können Sie aus dem Volleschöpfen!

Geeiste Tomaten-Paprika-Suppe mit frischem Basilikumöl

1. Gurken schälen und würfeln, von Tomaten die Stielansätze entfernen. Paprikaschoten halbieren, Stängelansätze und Samen entfernen. Die Hälfte der grünen Schote sowie eine Tomate beiseite legen, Rest klein schneiden. Gurken-, Tomaten- und Paprikawürfel im Mixer fein pürieren. Mit Kristallsalz, Rohzucker, Pfeffer, Knoblauch und Essig würzen und abschmecken. 1 Stunde kühl stellen.

2. Die zurückbehaltene Tomate und Paprika in sehr kleine Würfel schneiden. Olivenöl mit Basilikumblättern verrühren.

3. Suppe in gekühlte Teller füllen, mit Gemüsewürfeln und weißer Zwiebel bestreuen und mit Basilikumöl beträufeln. Pfeffer aus der Mühle darüber streuen.

ZUBEREITUNGSZEIT: 80 MIN.

Zutaten für 4 Personen

1 Salatgurke

1 kg vollreife Tomaten

je 1 rote, grüne und gelbe Paprikaschote

1/2 Knoblauchzehe, fein gehackt

4 EL Rotweinessig

Kristallsalz

1 TL brauner Rohzucker

schwarzer Pfeffer aus der Mühle

6 EL Olivenöl extra vergine

1/2 Bund Basilikum, fein geschnitten

1 weiße Zwiebel, fein gewürfelt

Tipp

Geröstetes Weißbrot mit einer halbierten Knoblauchzehe abreiben, mit Olivenöl beträufeln und dieses noch warm zu der gekühlten Suppe reichen.

Weißer Rettich mit Kristallsalz und Tomaten-Lauchzwiebel-Brot

1. Weißen Rettich gut waschen und in feine Scheiben hobeln. Mit einem Teelöffel grobem Kristallsalz würzen und 10 Minuten stehen lassen.

2. In der Zwischenzeit die Brotscheiben leicht toasten, mit Bauernbutter bestreichen und mit in Scheiben geschnittenen Tomaten belegen. Mit Kristallsalz und Pfeffer würzen, in feine Ringe geschnittene Lauchzwiebeln darüber streuen und mit Olivenöl beträufeln.

3. Weißen Rettich zusammen mit Tomatenbroten anrichten und servieren.

ZUBEREITUNGSZEIT: 15 MIN.

Tipp

Je schärfer der Rettich, desto heilender seine Inhaltsstoffe. Mit Kristallsalz können Sie ihm seine Schärfe nehmen, ohne seine Heilwirkung zu beeinträchtigen. Der dabei entstehende Saft ist ein hervorragendes Mittel gegen Erkältungen.

Zutaten für 4 Personen

1 weißer Rettich
4 große Scheiben Landbrot
20 g beste Bauernbutter
4 Tomaten, sehr reif und fest
1/2 Bund Lauchzwiebel
4 EL Olivenöl extra vergine
grobes Kristallsalz
schwarzer Pfeffer aus der Mühle

Gurke

Salzgurkensalat mit Dill-Sauerrahm-Dressing

Zutaten für 4 Personen

4 kleine Gärtnergurken
1 Bund Dill
1 TL brauner Rohzucker
1 TL Kristallsalz
200 g Sauerrahm
Saft von einer 1/2 Zitrone
1 EL Weißweinessig
schwarzer Pfeffer aus der Mühle

Gärtnergurken gut waschen und nicht schälen. In etwa 1/2 cm dicke Scheiben schneiden und in eine Schüssel geben. Mit Rohzucker, Kristallsalz und grob geschnittenem Dill bestreuen, vermischen und etwa 15 Minuten stehen lassen. Sauerrahm mit Zitronensaft, Weißweinessig, Kristallsalz und schwarzem Pfeffer abschmecken und über die eingesalzenen Gurken geben.

ZUBEREITUNGSZEIT: 20 MIN.

Tipp

Äußerlich angewendet sind Gurken ein hervorragendes Schönheitsmittel. Auf die Haut und Augenlider gelegte Gurkenscheiben oder -schalen befreien von Trockenheit, Schwellungen und Entzündungen.

Grillgemüse

Provenzalisches Grillgemüse mit Minz-Basilikum-Öl

Zutaten für 4 Personen

1 Aubergine
1 Zucchino
je 1 rote, grüne und gelbe Paprikaschote
1 ganze Knoblauchknolle, halbiert
2 Karotten, geschält
2 weiße Zwiebeln, geschält
Olivenöl
Kristallsalz
schwarzer Pfeffer aus der Mühle
einige Minzeblätter
einige Thymianzweige

Minz-Basilikum-Öl:

1 Bund Basilikum
1 Bund Minze
1 Zweig Thymian
1 Zweig Rosmarin
1 Knoblauchzehe
2 EL geröstete Pinienkerne
50 g frisch geriebener Parmesan
200 ml Olivenöl extra vergine
Kristallsalz
schwarzer Pfeffer aus der Mühle

1. Für das Minz-Basilikum-Öl Basilikum-, Thymian und Minzeblätter sowie Rosmarinnadeln abzupfen, Knoblauchzehen schälen und alles im Küchenmixer mit Pinienkernen, geriebenem Parmesan und der Hälfte des Öls pürieren. Mit Kristallsalz und Pfeffer würzen und das restliche Öl durch die Öffnung des Küchenmixers einlaufen lassen. Minz-Basilikum-Öl hält sich in einer verschlossenen Flasche im Kühlschrank etwa 2 Wochen frisch.

2. Aubergine, Zucchino, Karotten und weiße Zwiebeln in 1 cm dicke Scheiben schneiden. Paprikaschoten vierteln und entkernen. Gemüse rundherum mit Kristallsalz, Pfeffer und Olivenöl würzen und in einer Grillpfanne von beiden Seiten etwa 2 Minuten braten. Auf Tellern anrichten und mit Minz-Basilikum-Öl beträufeln. Zum Schluss mit einigen kleinen Minzeblättern und Thymianzweigen garnieren.

ZUBEREITUNGSZEIT: 40 MIN.

Tipp

Bereiten Sie ruhig mehr vom Gemüse vor. Sollte etwas übrig bleiben, so schmeckt es auch kalt mit Minz-Basilikum-Öl mariniert sehr gut. Servieren Sie dieses Gemüse einmal mit gegrillten Gambas oder auch im Ganzen gegrillten Fisch – das erinnert an Urlaub und Meer!

Zutaten für 4 Personen

200 g Dinkelkörner

2 Karotten, in Würfel geschnitten

1/2 kleiner Knollensellerie, in Würfel geschnitten

2 Stangen Staudensellerie, in Würfel geschnitten

3 EL Rotweinessig

schwarzer Pfeffer aus der Mühle

6 EL Olivenöl extra vergine

Kristallsalz

1/2 Bund Blattpetersilie, fein geschnitten

2 Bund Eiszapfen (kleine weiße Rettiche)

50 Haselnusskerne, im Ganzen geröstet

einige Blüten der Ringelblume zur Dekoration

Dinkelsalat mit gesalzenen Eiszapfen

1. Dinkelkörner über Nacht in der doppelten Menge Wasser einweichen. Am nächsten Tag abschütten und gut unter fließendem Wasser waschen. In einer Schüssel mit in Würfel geschnittenem Gemüse, Rotweinessig, Olivenöl und fein geschnittener Petersilie vermischen. Mit Kristallsalz und schwarzem Pfeffer abschmecken.

2. Das Grün der Eiszapfen etwa 2 cm über dem Ansatz abschneiden und die Zapfen schälen. Mit einem kleinen scharfen Messer einige Male von der Spitze des Eiszapfens der Länge nach bis kurz vor den Stielansatz einschneiden. Dinkelsalat gegebenenfalls noch mal nachschmecken und auf einem Teller anrichten. Mit halbierten Haselnusskernen bestreuen und mit Ringelblumen garnieren.

3. Eiszapfen separat mit einer kleinen Schale mit Kristallsalz zum Würzen dazu servieren.

ZUBEREITUNGSZEIT: 25 MIN. UND 1 NACHT EINWEICHZEIT FÜR DEN DINKEL

Tipp

Dinkel, der Urweizen, zählt zu den wenigen Getreidesorten, die nicht sauer verstoffwechselt werden. Er steckt voller Vitalstoffe und ist im Gegensatz zum Weizen auch für Allergiker gut verträglich.

Brokkoli

Im Wok gerösteter Brokkoli mit Lauchgemüse und Mu-Err-Pilzen

Zutaten für 4 Personen

2 Brokkoli, etwa 1 kg
150 g frische Mu-Err-Pilze
(alternativ andere Pilzsorten)
1 Bund junger Lauch, geputzt
6 EL Erdnussöl
Kristallsalz
2 EL Austernsauce
einige Tropfen Chiliöl
1 Bund junges Koriandergrün, grob gehackt
einige Korianderblätter zur Garnitur

1. Brokkoliröschen abschneiden, Strunk schälen, halbieren und in Streifen schneiden. Mu-Err-Pilze putzen und je nach Größe halbieren. Lauch in 2 cm lange schräge Stücke schneiden.

2. Im Wok 2 Esslöffel Öl erhitzen und Brokkolistiele darin etwa 1 Minute scharf anbraten und herausnehmen. Brokkoliröschen ebenfalls scharf anbraten und herausnehmen.

3. Mu-Err-Pilze und Lauchstücke in Öl anbraten und nun den Brokkoli wieder dazugeben. Das angebratene Gemüse mit Austernsauce, Kristallsalz und Chiliöl würzen. Durchschwenken und grob gehackten Koriander untermengen.

4. Auf Tellern anrichten, Korianderblätter und einige Tropfen Chiliöl darüber geben. Zum Schluss mit grobem Kristallsalz würzen.

ZUBEREITUNGSZEIT: 25 MIN.

Tipp

Braten Sie dazu in einer separaten Pfanne einige Calamares. Einfach nur mit Kristallsalz würzen und mit frischem Zitronensaft säuern. Milde, fast süßliche Calamares und würziges Brokkoli-Lauch-Gemüse – ein leichtes und schnelles Sommeressen.

Rucolasalat mit Schnittlauch und gebratenen Pfifferlingen

Zutaten für 4 Personen

1 Bund wilder Rucolasalat
1 kleiner Eichblattsalat
7 EL Olivenöl extra vergine
4 EL heller Sherryessig
1 EL brauner Rohzucker
1 Bund Schnittlauch, fein gehackt
Kristallsalz
schwarzer Pfeffer aus der Mühle
400 g kleine feste Pfifferlinge, geputzt
20 g Butter
frisch geriebene Muskatnuss

1. Eichblattsalat waschen, putzen, verlesen und in mundgerechte Stücke zupfen. Stiele vom Rucolasalat abschneiden und Salat gut waschen. Trockenschleudern und zusammen in eine Schüssel geben.

2. Für die Vinaigrette alle Zutaten außer Öl vermischen. Öl langsam einlaufen lassen und mit einem Schneebesen verrühren. Zum Schluss die fein geschnittenen Schnittlauchringe zugeben. Salat mit der Vinaigrette vermischen und auf Tellern flach verteilen.

3. In einer breiten Pfanne die Butter aufschäumen lassen und geputzte ganze Pfifferlinge darin schnell anbraten. Mit Kristallsalz, Pfeffer und geriebener Muskatnuss abschmecken und heiß über den Salat geben.

ZUBEREITUNGSZEIT: 20 MIN.

Tipp

Wichtig ist, dass die Pfifferlinge wie auch andere Pilze kurz und heiß gebraten werden, damit das Wasser aus den Pilzen nicht austreten kann. Sonst würden die Pilze anfangen zu kochen und eine zähe, matschige Konsistenz bekommen. Variieren Sie bei den Salaten – nehmen Sie aber immer einen kräftigeren und einen milderen Salat.

Tipp

Die Avocado ist trotz ihres Fettgehaltes die ideale Frucht zum Abnehmen. Ein besonderer Stoff, die Mannoheptulase, senkt sowohl den Blutzuckerspiegel als auch den Insulinspiegel. Ein hoher Insulinspiegel stoppt die Fettverbrennung und fördert den Aufbau von Fettzellen.

Avocado

Avocadotatar mit Kirschtomaten und Koriandergrün

1. Avocados schälen, halbieren und den Kern herauslösen. Avocadofruchtfleisch in Stücke schneiden und mit Zitronensaft beträufeln. Weiße Zwiebel, Knoblauch, 4 Esslöffel Olivenöl und Koriander dazugeben und mit Kristallsalz, etwas Rohzucker und schwarzem Pfeffer würzen.

2. Kirschtomaten vierteln und 2 Esslöffel Olivenöl untermischen, mit Kristallsalz und Pfeffer abschmecken.

3. Avocadotatar auf Tellern verteilen und marinierte Kirschtomaten darüber geben. Mit einigen Korianderzweigen garnieren und mit grobem Kristallsalz und Pfeffer aus der Mühle noch einmal würzen.

ZUBEREITUNGSZEIT: 30 MIN.

Zutaten für 4 Personen

2 reife Avocados
Saft von 2 Zitronen
1 weiße Zwiebel, in kleine Würfel geschnitten
1 Knoblauchzehe, fein gehackt
1/2 Bund frischer Koriander, fein gehackt
Kristallsalz
etwas brauner Rohzucker
schwarzer Pfeffer aus der Mühle
250 g Kirschtomaten
6 EL Olivenöl extra vergine
einige Korianderzweige als Garnitur

Sommersalat mit gebratenen Garnelen und jungen Karotten

Zutaten für 4 Personen

500 g Garnelenschwänze in der Schale, ohne Kopf
1 kleiner Blumenkohl, in Röschen geteilt
2 Karotten, geschält
1 Bund Radieschen, geputzt und halbiert
1 Fenchelknolle mit Grün, in Stücke geschnitten
1/2 Bund Lauchzwiebeln, in schräge Ringe geschnitten
100 g Kirschtomaten, halbiert
1 Bund Schnittlauch, grob geschnitten
60 g Kapernäpfel
grobes Kristallsalz
schwarzer Pfeffer aus der Mühle
3 EL Olivenöl zum Braten
8 EL Olivenöl extra vergine
4 EL Estragon-Weißweinessig
1 Prise brauner Rohzucker
2 EL Pesto

1. Alle geschnittenen Gemüse in eine große Schale geben. Mit Olivenöl extra vergine, Essig, Rohzucker, Kristallsalz und Pfeffer anmachen und einige Minuten stehen lassen.

2. In der Zwischenzeit die abgetrockneten Garnelenschwänze in einer Pfanne von beiden Seiten etwa 1 Minute braten, mit Kristallsalz und Pfeffer würzen. Direkt aus der Pfanne mit dem Bratenöl zum Salat geben. Kapernäpfel und Schnittlauch dazugeben und vorsichtig vermischen. Mit etwas Pesto beträufeln und sofort servieren.

ZUBEREITUNGSZEIT: 45 MIN.

Pesto

Zutaten für 4 Personen

2 Bund Basilikum
1 Bund Blattpetersilie
3 Knoblauchzehen
5 EL Pinienkerne, geröstet
150 g Parmesan, frisch gerieben
200 ml Olivenöl extra vergine
Kristallsalz
schwarzer Pfeffer aus der Mühle

Basilikum- und Petersilienblätter abzupfen, Knoblauchzehen schälen und alles im Küchenmixer mit den Pinienkernen, geriebenem Parmesan und der Hälfte des Öls mixen. Mit Salz und Pfeffer würzen und das restliche Öl durch die Öffnung des Küchenmixers einlaufen lassen, bis eine pastöse Konsistenz entstanden ist. Das Pesto hält sich im Kühlschrank etwa 1 Woche frisch.

Tipp

Um das wertvolle Beta-Carotin aufnehmen zu können, sollten Karotten immer in Verbindung mit kaltgepressten Pflanzenölen gegessen werden.

Bohnen

Warmer Salat mit Bohnen und angebratenem Lachs

1. Romana-Salat waschen, Blätter lösen und in mundgerechte Stücke zupfen. Schleudern und in eine große Schüssel geben.

2. Die Stielansätze der Bohnen entfernen und die unterschiedlichen Bohnensorten getrennt in reichlich Salzwasser bissfest kochen. Sofort in Eiswasser abschrecken und abtropfen lassen. Schnippelbohnen zweimal durchschneiden, Wachsbohnen ganz lassen. Zusammen mit den Schalottenringen, schwarzen Oliven und Kräuterblättern unter den Salat mischen.

3. Sherryessig, Kristallsalz, Pfeffer und Rohzucker verrühren und Olivenöl nach und nach einlaufen lassen. Salat damit marinieren.

4. Lachsfilet in 1 cm dünne Streifen schneiden und in eine beschichtete Pfanne legen. Mit gewürztem Kristallsalz bestreuen und nach 10 Sekunden von der Flamme nehmen. Der Lachs soll nur von einer Seite leicht angebraten werden und von der zweiten roh mit dem gewürzten Kristallsalz leicht mariniert sein. Lachsstreifen auf dem Salat anrichten.

ZUBEREITUNGSZEIT: 45 MIN.

Zutaten für 4 Personen

300 g frisches Lachsfilet, ohne Haut
1 EL Olivenöl zum Braten
1 kleiner Romana-Salat
200 g feine grüne Wachsbohnen
200 g breite Schnippelbohnen
2 Schalotten, in feine Ringe geschnitten
80 g kleine schwarze Oliven, mit Stein
1/2 Bund Petersilie, gezupft
1/2 Bund Basilikum, gezupft
8 EL Olivenöl extra vergine
5 EL alter Sherryessig
Kristallsalz
schwarzer Pfeffer aus der Mühle
1 Prise brauner Rohzucker
etwas gewürztes Kristallsalz für den Lachs
(Rezept s. S. 117)

Tipp

Bohnen können manchmal Blähungen oder Durchfall verursachen. Je öfter Sie allerdings Bohnen essen, desto besser können Sie sie auch vertragen, denn der Körper gewöhnt sich mit der Zeit daran und stellt die notwendigen Fermente bereit. Kochen Sie Bohnenkraut mit, das unterstützt die Verdauung.

Wokgemüse

Chinesische Reisnudeln im Wok mit Chinakohl, Paprika und Ingwer

Zutaten für 4 Personen

250 g chinesische Reisnudeln
1 kleiner Chinakohl
2 mittelgroße Karotten, geschält
1 Bund Lauchzwiebeln
je 1 rote und gelbe Paprikaschote, entkernt
150 g Sojasprossen, geputzt
1 Stück frischer Ingwer, geschält
6 EL Erdnussöl
2 EL Hoisin-Sauce
1/2 Bund Koriandergrün
Kristallsalz

1. Reisnudeln nach Anweisung auf der Packung kochen. Auf ein Sieb schütten und kalt abschrecken. Gut abtropfen lassen.

2. Karotten in Streifen schneiden, Chinakohl vierteln und in 5 cm große Stücke schneiden. Paprika und Lauchzwiebeln mit Grün in 5 cm große Stücke schneiden.

3. 4 Esslöffel Öl in einem Wok erhitzen und das Gemüse nacheinander unter Rühren anbraten. Wok mit einem trockenen Tuch auswischen und das restliche Öl darin erhitzen. Gekochte Nudeln schnell und heiß darin anbraten und angebratenes Gemüse untermischen – das Gemüse sollte knackig sein.

4. Mit Hoisin-Sauce, geriebenem Ingwer, Korianderblättern und Kristallsalz abschmecken und servieren.

ZUBEREITUNGSZEIT: 45 MIN.

Tipp

Nicht ohne Grund würzen die Asiaten jedes Gericht mit Ingwer: Er regt die Funktion der Bauchspeicheldrüse an, ihre Fermente auszuschütten, und unterstützt damit den Verdauungsprozess.

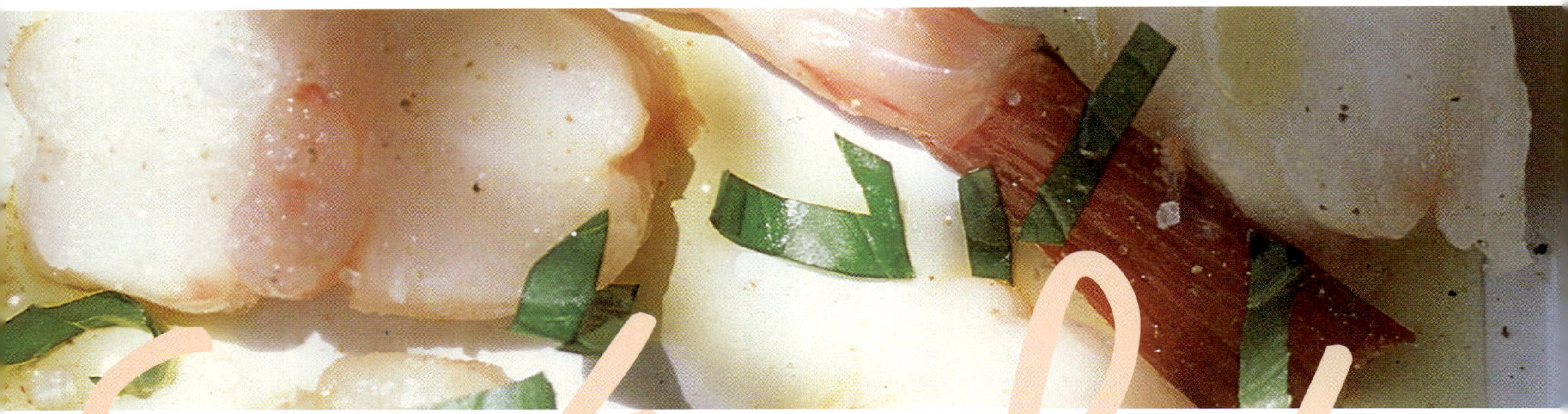

Seeteufel

Seeteufelmedaillons mit Tomatenpesto und Artischockensalat

1. Seeteufel mit einem scharfen Messer von Haut und Äderchen befreien und mit Knochen in 5 cm dicke Stücke schneiden. In einer beschichteten Pfanne in Olivenöl von beiden Seiten 3 bis 4 Minuten braten. Mit Kristallsalz und Pfeffer würzen.

2. Die oberen zwei Drittel der Artischocken abschneiden. Stiel bis auf 2 cm abschneiden. Die äußeren grünen Blätter entfernen und das Heu mit einem kleinen Löffel auskratzen. Im Zitronenwasser zur weiteren Verarbeitung beiseite stellen. Rucolasalatstiele großzügig abschneiden und waschen. Basilikumblätter zupfen. Aus Olivenöl, Zitronensaft, Kristallsalz, Rohzucker und schwarzem Pfeffer eine Vinaigrette zubereiten.

3. Artischocken in hauchdünne Scheiben schneiden, mit Rucolasalat, Basilikumblättern und der Vinaigrette mischen. Auf Tellern anrichten und die gebratenen Seeteufelmedaillons auf den Salat geben. Tomatenpesto über die gebratenen Medaillons geben und servieren.

ZUBEREITUNGSZEIT: 1 STD.

Tipp

Bei den kleinen Artischocken können Sie die ganze Frucht verzehren, während bei den größeren Früchten die Blätter von außen nach innen abgezupft, in Dressing gedippt und ausgelutscht werden.

Zutaten für 4 Personen

1 Seeteufel ohne Kopf, etwa 1,2 kg
2 EL Olivenöl zum Braten
Kristallsalz
schwarzer Pfeffer aus der Mühle
6 Distelartischocken
1 Bund Rucolasalat
1 Bund Basilikum
8 EL Olivenöl extra vergine
Saft von 1 Zitrone
Kristallsalz
1 Prise brauner Rohzucker

Tomatenpesto

3 Tomaten, geschält und entkernt
1 Schalotte, fein gewürfelt
4 EL Olivenöl extra vergine
Kristallsalz
schwarzer Pfeffer aus der Mühle

Für das Tomatenpesto entkernte Tomaten in kleine Würfel schneiden und zusammen mit Schalottenwürfeln, Olivenöl, Salz und schwarzem Pfeffer marinieren und beiseite stellen.

Wassermelone und Kiwi mit Zitronenmelisse und Wodka

1. Halbe Wassermelone in drei große Spalten und diese dann in kleine Dreiecke schneiden. Die Stücke in eine große Schüssel geben.

2. Kiwis an den Enden abschneiden, dabei den holzigen Dorn am Stielansatz durch Drehen herausziehen. Mit einem Sparschäler die restliche Schale abschälen und die Kiwis der Länge nach vierteln. Dann zu den Melonen geben. Frische Zitronenmelisseblätter darüber streuen und mit Wodka begießen. Im Kühlschrank eine 1 Stunde durchziehen lassen.

3. Auf eine große Platte zerstoßenes Eis geben. Die marinierten Melonen und Kiwis darauf anrichten und servieren.

Zutaten für 4 Personen

1/2 Wassermelone von 1,5 – 2 kg

5 Kiwis

1 Hand voll frische Zitronenmelisse

8 cl Wodka

ZUBEREITUNGSZEIT: 10 MIN. UND 1 STD. KÜHLZEIT

Tipp

Statt Zitronenmelisse können Sie auch Zitronenverbene verwenden, wie hier auf unserem Bild, die eigentlich als Tee bekannt ist.

Herzkirschen in Schokolade getaucht mit Kaffeekruste

1. Achten Sie darauf, dass die Kirschen alle noch einen Stiel haben. Dann kann man sie besser in die Kuvertüre tauchen.

2. Bitterkuvertüre mit einem schweren Messer hacken und in einem Topf über dem Wasserbad langsam zerlassen. Unter die zerlassene Kuvertüre eine kleine Prise Kristallsalz und Sonnenblumenöl mischen – so glänzt die Kuvertüre danach schöner.

3. Kirschen am Stiel ganz in die Kuvertüre tauchen und etwas abtropfen lassen. Auf ein mit Butterbrotpapier belegtes Blech geben und sofort nach dem Eintauchen mit zerstoßenen Kaffeebohnen bestreuen. Kuvertüre fest werden lassen und die Kirschen auf gekühlter Platte servieren.

ZUBEREITUNGSZEIT: 15 MIN.

Tipp

Geben Sie die fertigen Kirschen in das Tiefkühlfach. Da die Kirschen einen relativ hohen Zuckeranteil haben, werden sie nicht zu hart. Die Schokolade knackt, und die Kirschen schmecken wie ein Sorbet – eine andere Art von Mon Cherie!

Zutaten für 4 Personen

500 g reife Herzkirschen

500 g Bitterkuvertüre

1 EL Sonnenblumenöl

1 Prise Kristallsalz

100 g Kaffeebohnen, grob zerstoßen

Quark

Quarkknödel auf Nektarinensalat

1. Butter mit braunem Rohzucker und 1 Prise Kristallsalz schaumig aufschlagen. Geriebene Orangenschale und Vanillemark zugeben und vermengen. Nach und nach die Eigelbe und die Eier zugeben und weiter aufschlagen. Quark unterrühren und fein geriebenes Weißbrot vorsichtig unterheben. Mit Klarsichtfolie abdecken und etwa eine halbe Stunde im Kühlschrank ruhen lassen.

2. In der Zwischenzeit Butter schmelzen, Weißbrot reiben und zusammen mit geriebenen Haselnüssen, Rohzucker und Zimt zur Butter geben und goldgelb rösten. Aus der Quarkmasse mit feuchten Händen kleine Knödel drehen. Ins kochende, mit etwas Kristallsalz und Rohzucker abgeschmeckte Wasser geben. Sofort von der Flamme nehmen und den Topf mit Deckel verschließen. Knödel je nach Größe 5 bis 8 Minuten ziehen lassen.

3. Nektarinen halbieren, entkernen und in Spalten schneiden. Auf Tellern verteilen, gekochte Quarkknödel in die Mitte geben und mit gerösteten Haselnussbröseln bestreuen.

ZUBEREITUNGSZEIT: 1 STD.

Zutaten für 4 Personen

Knödel:

30 g Butter

30 g brauner Rohzucker

1 Prise Kristallsalz

geriebene Schale von 2 unbehandelten Orangen

Mark einer 1/2 Vanilleschote

2 Eigelbe

2 kleine Eier

400 g Magerquark

250 g frisches Weißbrot, ohne Rinde

Haselnussbrösel:

130 g Süßrahmbutter

100 g frisches Weißbrot, ohne Rinde

80 g Haselnüsse, gerieben

60 g brauner Rohzucker

1/2 TL Zimt, gemahlen

4 gelbe Nektarinen, saftig reif

Tipp

Auch Pfirsiche oder Zwetschgen schmecken hervorragend dazu. Besonders empfehlenswert sind jedoch Aprikosen, mit etwas Marillenschnaps mariniert.

herbs

Der Herbst:

Die Natur setzt zum jährlichen Endspurt an und zeigt sich in ihrem farbenprächtigsten Gewand. Mächtige Kürbisse, Artischocken und Pilze verwöhnen in dieser Jahreszeit mit ihren kräftigen Aromen unsere Gaumen.

Kürbis

Kürbissuppe mit in Kristallsalz eingelegtem Dill

Zutaten für 4 Personen

400 g grob geraspelter Muskatkürbis
etwas Kristallsalz
1/2 Knoblauchzehe
30 g Butter
1 EL Tomatenmark
1 TL Paprikapulver edelsüß
1 Lorbeerblatt
1 Messerspitze Currypulver
einige Spritzer Obstessig
500 ml Hühnerbrühe (Rezept s. S. 83)
200 g Sahne
frisch geriebene Muskatnuss

1. Geraspelten Muskatkürbis leicht salzen und eine halbe Stunde stehen lassen. Das Kürbisfleisch gut ausdrücken. Butter zerlassen, Knoblauch darin anschwitzen und ausgedrücktes Kürbisfleisch zugeben. Sanft dünsten, bis die Flüssigkeit fast verkocht ist.

2. Tomatenmark zugeben und mit Paprikapulver bestäuben. Sofort mit einigen Spritzern Obstessig ablöschen, damit das Paprikapulver nicht bitter wird. Lorbeerblatt zufügen und mit Hühnerbrühe aufgießen. Etwa 15 Minuten leise köcheln, pürieren und durch ein feines Sieb passieren. Mit Muskat abschmecken, Sahne dazugießen und nicht mehr kochen lassen.

3. Die Suppe in tiefe Teller füllen und mit den Dillspitzen in Kristallsalz bestreuen. Da die Suppe nur schwach gesalzen ist, gleicht der salzige Dill den Geschmack der Suppe wieder aus.

ZUBEREITUNGSZEIT: 40 MIN.
UND 1 TAG RUHEZEIT FÜR DEN DILL

Dill in Kristallsalz

Zutaten für 4 Personen

2 Bund Dill
100 g feines Kristallsalz

Abgezupfte Dillspitzen lagenweise mit Kristallsalz in ein Einweckglas schichten und etwa 1 Tag stehen lassen. Das Kristallsalz entzieht dem Dill das Wasser und konserviert so den Geschmack.

Tipp

Statt in Kristallsalz eingelegten Dill können Sie auch geröstete Kürbiskerne und ein paar Tropfen Kürbiskernöl über die Suppe geben.

Linsen

Linsensuppe mit grobem Senf und Majoran

Zutaten für 4 Personen

150 g kleine braune Berglinsen
30 g Butter
1 weiße Zwiebel, fein gewürfelt
1/2 Knoblauchzehe, fein gehackt
1 Stange Staudensellerie, fein gewürfelt
1/2 Sellerieknolle, fein gewürfelt
2 Kartoffeln, geschält und in kleine Stifte geschnitten
etwas gerebelter Majoran
1 Lorbeerblatt
1 frischer Thymianzweig
1 l Hühnerbrühe oder ersatzweise Wasser
1 EL grober Dijon-Senf
Kristallsalz
schwarzer Pfeffer aus der Mühle
frisch geriebene Muskatnuss
einige gezupfte Blätter Petersilie

1. Kleine Linsen in heißem Wasser durchwaschen und abtropfen lassen. Butter zerlassen, zuerst Knoblauch und Zwiebeln anschwitzen. Gemüse, Kartoffeln, gerebelten Majoran, Lorbeerblatt und Thymianzweig zugeben und mitschwitzen. Linsen zugeben, salzen und pfeffern und mit Brühe aufgießen.

2. Bei schwacher Hitze etwa 25 Minuten köcheln lassen. Thymianzweig und Lorbeerblatt herausnehmen. Mit grobem Senf abschmecken und zum Schluss mit frisch geriebener Muskatnuss würzen. Petersilienblätter im Ganzen unter die Suppe mischen und servieren.

ZUBEREITUNGSZEIT: 35 MIN.

Tipp

Wenn Sie es etwas pikanter wollen: Schmecken Sie die Suppe mit etwas Obstessig ab.

Zubereitung für Hühnerbrühe:

Suppenhuhn von innen und außen gut waschen und von allen Blutresten befreien. In einen Topf mit kaltem Wasser geben, Wasser mit Kristallsalz würzen und langsam zum Kochen bringen.

Zwischendurch Schaum oder geronnenes Eiweiß mit einer Schaumkelle abschöpfen und eine halbe Stunde leise köcheln lassen, ohne dabei abzufetten.
Gemüse, Gewürze und Kräuter dazugeben und eine weitere Stunde köcheln lassen. Gelegentlich mit Wasser auf die ursprüngliche Wassermenge aufgießen.

Suppenhuhn und gekochtes Gemüse vorsichtig herausnehmen und bis zur weiteren Verarbeitung abdecken. Brühe durch ein feines Sieb passieren und beiseite stellen.
Hält sich gut 1 Woche im Kühlschrank.

Hühnerbrühe

Zutaten für 4 Personen

1 Suppenhuhn (1,3 kg)
3 l Wasser
200 g Zwiebeln, geschält
150 g Karotten, geschält
3 Stangen Staudensellerie
1 Lauchstange
1 Fenchelknolle
1 Knoblauchknolle, halbiert
4 Lorbeerblätter
2 Nelken
8 Wacholderbeeren
4 Pimentkörner
10 schwarze Pfefferkörner
1 EL Kristallsalz
1 Bund Petersilie
1 Bund Fenchelgrün
einige Staudensellerieblätter

Zutaten für 4 Personen

4 schöne feste Steinpilze
1 kleiner heller Friséesalat
1 kleiner Eichblattsalat
6 EL Olivenöl extra vergine
2 EL Walnussöl
Saft von 1 Zitrone
1 EL heller Sherryessig
1 EL brauner Rohzucker
1 Bund Petersilie, fein gehackt
Kristallsalz
weißer Pfeffer aus der Mühle
einige Zitronenschnitze

Pilze

Salat mit rohen Steinpilzen und Petersilie

1. Frisée- und Eichblattsalat waschen, putzen, verlesen und in mundgerechte Stücke zupfen. Trockenschleudern und in eine Schüssel geben.
Für die Vinaigrette alle Zutaten außer Öl vermischen. Öl langsam einlaufen lassen und mit einem Schneebesen verrühren. Zum Schluss die fein gehackte Petersilie zugeben.

2. Steinpilze mit einem kleinen Messer putzen und der Länge nach in dünne Scheiben schneiden. Salat mit drei Viertel der Vinaigrette vermischen und auf Tellern flach verteilen. Rohe Steinpilzscheiben darüber anrichten und mit restlicher Vinaigrette beträufeln. Die Steinpilze mit einigen Umdrehungen aus der Salzmühle würzen.
1 bis 2 Zitronenspalten dazu servieren und diese über den Steinpilzen ausdrücken.

ZUBEREITUNGSZEIT: 20 MIN.

Tipp

Die preiswertere Variante dieses Gerichtes sind einfache Champignons, dünn über den Salat gehobelt. Wem etwas Herzhaftes fehlen sollte, der kann noch einige Stücke Kaninchen- oder Geflügelleber anbraten und ebenfalls über den Salat geben.

Paprika

Spitzpaprika mit Perlgraupen gefüllt

Zutaten für 4 Personen

8 mittelgroße Spitzpaprika
2 EL Olivenöl extra vergine
1 Knoblauchzehe, fein gehackt
3 Flaschentomaten
1/2 TL frische Majoranblätter
100 ml Hühnerbrühe (Rezept s. S. 83) oder Wasser

Füllung:

150 g Perlgraupen, 2 Stunden in kaltem Wasser eingeweicht
2 EL Olivenöl extra vergine
10 g Butter
1 Schalotte, fein gewürfelt
1/2 Knoblauchzehe, fein gehackt
1 kleine Karotte, in kleine Würfel geschnitten
1 Stange Staudensellerie, in kleine Würfel geschnitten
1/2 Bund Basilikum, fein geschnitten
Kristallsalz
schwarzer Pfeffer aus der Mühle

1. Eingeweichte Perlgraupen noch einmal durchwaschen und auf einem Sieb abtropfen lassen. Butter mit Olivenöl auslassen, Knoblauch und Schalotten darin anschwitzen und Gemüsewürfel zugeben. Glasig werden lassen und Perlgraupen zugeben. Kurz anschwitzen und mit Kristallsalz und Pfeffer würzen. Geschnittene Basilikumblätter untermischen.

2. Paprikaschoten der Länge nach aufschneiden, Kerne entfernen und mit den Perlgraupen füllen. Öl in eine Bratenkasserolle geben und Knoblauch darin anschwitzen. Tomaten vom Strunk befreien, kreuzweise einritzen und für 5 Sekunden in kochendes Wasser geben. Sofort wieder in Eiswasser abschrecken. Haut abziehen, Tomaten vierteln und Kerngehäuse herausschneiden. In grobe Stücke schneiden und zum angeschwitzten Knoblauch geben. Gefüllte Paprikaschoten einschichten und mit Majoranblättern bestreuen. Mit Brühe oder Wasser aufgießen und mit Alufolie bedecken. Im vorgeheizten Ofen bei 190 °C 20 bis 25 Minuten garen, dabei immer wieder mit dem eigenen Saft begießen.

3. Jeweils zwei Paprikaschoten auf einem Teller anrichten und mit geschmolzenen Tomatenstücken begießen.

ZUBEREITUNGSZEIT: 50 MIN. UND
2 STD. EINWEICHZEIT FÜR DIE GRAUPEN

Tipp

Anstatt der Perlgraupen kann man vorgekochten Langkornreis nehmen. Dabei benötigen Sie jedoch die doppelte Menge an Flüssigkeit zum Aufgießen, da der Reis noch eine Menge aufsaugt. Gefüllte Paprikaschoten passen auch hervorragend zu gegrilltem oder gebratenem Fisch. Versuchen Sie einmal die in Folie gegarte Dorade (Rezept s. S. 30).

Blumenkohl

Gedämpfter Blumenkohl mit Kräuterbutterbröseln

1. Äußere dunkelgrüne Blätter vom Blumenkohl abschneiden. Blumenkohl im Ganzen in einen großen Topf mit kaltem, gesalzenem Wasser geben und mit einem kleineren Deckel so beschweren, dass der Blumenkohl komplett unter Wasser ist. So erreicht man, dass noch eventuelles Ungeziefer aus dem Blumenkohl getrieben wird, da der Kohl ja erst nach dem Kochen zerteilt wird.

2. Für eine halbe Stunde im Wasser lassen, danach noch einmal spülen, in den Dampfeinsatz geben und etwa 35 bis 40 Minuten dämpfen. Machen Sie den Test und stechen mit einer Fleischgabel hinein, um den Garpunkt zu prüfen.

3. Butter zerlassen und frisch geriebenes Weißbrot darin goldgelb rösten. Mit Kristallsalz, schwarzem Pfeffer und gehackten Kräutern abschmecken. Fertig gedämpften Blumenkohl auf eine Platte geben und mit schäumenden Kräuterbutterbröseln begießen. Mit grobem Kristallsalz leicht nachwürzen und zerteilen.

ZUBEREITUNGSZEIT: 45 MIN. UND 30 MIN. WÄSSERN DES BLUMENKOHLS

Zutaten für 4 Personen

1 Blumenkohl von etwa 1,5 kg
120 g Butter
70 g frisch geriebenes Weißbrot
1/2 Bund Petersilie, fein gehackt
1/2 Bund Estragon, fein gehackt
grobes Kristallsalz
schwarzer Pfeffer aus der Mühle

Tipp

Achten Sie beim Kauf auf die weiße Farbe des Blumenkohls und knackige Blätterstrünke. Weiche Konsistenz und leicht graugelbes Aussehen lässt auf eine lange Lagerung schließen.

Trüffel

Tagliolini mit schwarzer Trüffel

1. Nudelteig auf gewünschte Stärke ausrollen und in 20 cm große Platten schneiden. Etwas antrocknen lassen. In Tagliolini schneiden und in kleinen Portionen zusammenlegen.

2. Wasser mit reichlich grobem Kristallsalz abschmecken und aufkochen. Olivenöl zugeben und die Nudeln hineingeben. Einmal kurz aufkochen und Wasser sofort abgießen. Etwas Restflüssigkeit im Topf lassen. Butter zugeben, mit Muskat würzen und durchschwenken. Diese Restflüssigkeit wird mit der Butter gebunden und macht die Pasta saftig.
Sofort anrichten und wirklich reichlich Trüffel über die Tagliolini hobeln.

ZUBEREITUNGSZEIT: 15 MIN.

Zutaten für 4 Personen

400 g Nudelteig oder
fertige dünne Bandnudeln
2 EL Olivenöl extra vergine
50 g frische Bauernbutter
etwas frische Muskatnuss
Kristallsalz
40–100 g schwarze Sommertrüffel

Tipp

Eine hervorragende Alternative zur schwarzen Sommertrüffel ist die weiße Trüffel aus dem Piemont. Ihr Geschmack erinnert an Mandeln und Knoblauch – diesen Geschmack vergisst man nicht!

Nudelteig

Zutaten für 4 Personen

400 g Mehl

200 g Hartweizengrieß

6 Eigelbe

3 Eier

2 EL Olivenöl

1 Prise Kristallsalz

Mehl und Hartweizengrieß mit allen anderen Zutaten vermengen und zu einem glatten Teig verkneten. Nudelteig in Klarsichtfolie wickeln und etwa eine halbe Stunde ruhen lassen.

ZUBEREITUNGSZEIT: 30 MIN.

Seewolf

Tatar vom Seewolf auf Kartoffel-Staudensellerie-Salat

Zutaten für 4 Personen

600 g Seewolffilet
1 Schalotte, fein gewürfelt
40 ml Olivenöl extra vergine
Kristallsalz
schwarzer Pfeffer aus der Mühle
1/2 Bund Basilikum
einige helle Blätter vom Staudensellerie
60 g frische Walnusskerne
1 Zitrone

Kartoffelsalat:
600 g fest kochende Kartoffeln
(z. B. Sieglinde oder Bamberger Hörnchen)
grobes Kristallsalz
etwas Kümmel
1 Zwiebel, in kleine Würfel geschnitten
5 EL Sonnenblumenöl
5 EL Obstessig
100 ml Hühnerbrühe (Rezept s. S. 83)
2 TL scharfer Senf
weißer Pfeffer aus der Mühle
4 helle Stangen Staudensellerie

1. Seewolffilet von der Haut sowie braunen Stellen befreien. In sehr feine Würfel schneiden. Mit Schalotten, Olivenöl, Kristallsalz und Pfeffer würzen. Zum Schluss Basilikum und Staudensellerieblätter in feine Streifen schneiden und unter das Tatar mischen.

2. Kartoffeln waschen und in der Schale mit Kristallsalz und Kümmel kochen. Abschütten und abkühlen lassen. Am besten noch lauwarm schälen und in 1/2 cm dicke Scheiben schneiden. Zwiebelwürfel in Öl glasig dünsten, mit Essig ablöschen und mit Brühe aufgießen. Warm über die Kartoffelscheiben gießen. Mit Senf, Kristallsalz und weißem Pfeffer abschmecken und etwa 1 Stunde ziehen lassen. Staudensellerie in dünne Scheiben schneiden, unter den Kartoffelsalat mischen und eventuell nachwürzen.

3. Seewolftatar in der Tellermitte anrichten, Kartoffel-Staudensellerie-Salat um das Tatar geben und mit gehackten Walnusskernen bestreuen. Auf jeden Teller eine geviertelte Zitrone legen, welche dann im letzten Moment über dem Tatar ausgedrückt wird.

ZUBEREITUNGSZEIT: 25 MIN.

Tipp

Rohes Fischtatar nie mit Zitrone anmachen, da die Säure nicht nur das Fischfleisch komplett weiß, sondern auch das sonst so zarte Fischfilet zäh werden lässt.

Tipp

Achten Sie beim Kauf darauf, dass die Maiskörner reif sind. Um dies festzustellen, drücken Sie die Körner zwischen Daumen und Zeigefinger. Wenn sie sich prall anfühlen und milchiger Saft heraustritt, ist der Mais reif.

Gekochter Hummer im Wurzelsud mit frischem Buttermais

1. Für den Wurzelsud Zwiebeln in heißem Olivenöl glasig werden lassen. Fenchel, Karotten und Staudensellerie zu den Zwiebeln geben und kurz anschwitzen. Restliches Gemüse, Kräuter, Kristallsalz, Pfefferkörner und Nelken hinzufügen, ebenfalls mitschwitzen, mit Weißwein und kaltem Wasser aufgießen.

2. Etwa 15 Minuten bei schwacher Hitze köcheln lassen. Mit Salz abschmecken und durch ein feines Sieb gießen. Wieder aufkochen und gewaschene Hummer kopfüber in den kochenden Wurzelsud geben. Aufkochen und weitere 12 Minuten ziehen lassen.

3. In der Zwischenzeit die geschälten Buttermaiskolben in Stücke brechen und in reichlich Salzwasser in 6 bis 8 Minuten weich kochen.

4. Gekochten Hummer aus dem Sud nehmen. Halbieren, Magen entfernen und Scheren sowie Gelenke ausbrechen. Auf große Teller je einen halbierten Hummer mit der ausgebrochenen Schere und Gelenk legen und einen zerteilten Buttermaiskolben dazulegen. Zerlassene Butter über den Mais laufen lassen und die Hummerhälften noch leicht mit grobem Kristallsalz und vielen Dillblüten bestreuen.

ZUBEREITUNGSZEIT: 45 MIN.

Zutaten für 4 Personen

4 Hummer à 500 g
2 Zwiebeln, geschält und geviertelt
2 EL Olivenöl
1 Fenchelknolle, geviertelt
3 Karotten, geschält und in Stücke geschnitten
3 Stangen Staudensellerie, in Stücke geschnitten
1 Stange Lauch, in Stücke geschnitten
100 g Champignons, geputzt
2 Thymianzweige
5 Lorbeerblätter
einige Petersilienstängel
1 Bund Dill
grobes Kristallsalz
1 TL schwarze Pfefferkörner
2 Nelken
3 l Wasser
200 ml trockener Weißwein
1 große Hand voll kleine Dillblüten

4 Buttermaiskolben, geschält
60 g Butter
grobes Kristallsalz

Milchlammschulter mit Kräutern und Gemüse

Zutaten für 4 Personen

2 Milchlammschultern von insgesamt 1,5–1,8 kg
30 g Olivenöl extra vergine
1 Knolle junger Knoblauch, in Zehen zerteilt
1 Thymianzweig
1 Rosmarinzweig
5 Lorbeerblätter
Kristallsalz
schwarzer Pfeffer aus der Mühle
30 g Butter
2 EL Olivenöl
200 g kleine Karotten, geschält
1/2 Knollensellerie, in Stücke geschnitten
300 g kleine Zwiebeln, geschält
1 Bund Petersilie
1 Zweig Estragon

1. Milchlammschultern in einen flachen Behälter legen, mit Olivenöl, Knoblauch und Gewürzen sowie mit Kristallsalz und Pfeffer einreiben und für eine halbe Stunde stehen lassen. In eine Bratenreine mit aufgeschäumter Butter und Olivenöl legen.

2. In den auf 190 °C vorgeheizten Ofen schieben und von beiden Seiten anbraten. Nach etwa 20 Minuten das Gemüse im Ganzen um das Fleisch geben und insgesamt etwa 70 Minuten braten. Falls notwendig, den Bratensatz mit etwas Wasser lösen und das Fleisch damit begießen. Vor dem Servieren die Schultern mit frisch geschnittener Petersilie und Estragon bestreuen und mit dem eigenen Bratensaft nochmals begießen.

3. Milchlammschultern portionieren und zusammen mit dem Gemüse auf Tellern anrichten.

ZUBEREITUNGSZEIT: 1 1/2 STD.

Tipp

Achten Sie beim Kauf des Fleisches unbedingt auf beste Qualität, und sparen Sie hier nicht am falschen Fleck. Bezugsadressen für hochwertiges Biofleisch finden Sie im Anhang Seite 167.

Gegrilltes Entrecôte vom Galloway-Rind mit Rohkostsalat

Zutaten für 4 Personen

4 Entrecôtes à 200 g
2 EL Olivenöl extra vergine
4 Karotten, geschält
1/4 Knollensellerie, geschält
1 EL grüne Blätter vom Knollensellerie, fein geschnitten
4 EL Sonnenblumenöl
Kristallsalz
weißer Pfeffer aus der Mühle
1 Zitrone, in Viertel geschnitten
gewürztes Kristallsalz (Rezept s. S. 117)
einige Petersilienblätter

1. Fleischstücke mit Olivenöl einreiben und ohne zu würzen auf die vorgeheizte Grillplatte oder Grillpfanne geben. Ja nach Wunsch und Garpunkt die Entrecôtes von jeder Seite 2 bis 5 Minuten grillen.
In der Zwischenzeit Karotten und Knollensellerie grob raspeln und in getrennten Gefäßen mit Sonnenblumenöl und etwas Kristallsalz anmachen. Zum geraspelten Knollensellerie noch die fein geschnittenen Blätter geben und untermischen.

2. Gegrillte Entrecôtes auf Tellern anrichten, jeweils etwas Knollensellerie und Karottensalat dazugeben und gewürztes Kristallsalz sowie Zitronenspalten an den Tellerrand geben. Mit Petersilienblättern garnieren und servieren.

ZUBEREITUNGSZEIT: 20 MIN.

Tipp

Galloway-Rindfleisch ist nicht überall erhältlich. Der Bundesverband Deutscher Galloway-Züchter gibt Ihnen gerne Auskunft über eine Bezugsquelle in Ihrer Nähe. Adresse siehe Seite 167.

Chicorée

Milchkalbsrücken mit glasiertem Chicorée

1. Weiche Butter schaumig schlagen, die gehackten Kräuter, Senf, Kristallsalz und Cayennepfeffer unterrühren und mit Muskatnuss abschmecken. Geriebenes Weißbrot untermischen und beiseite stellen.

2. Kalbsrückensteaks mit Kristallsalz und Pfeffer würzen und mit der Butter-Kräuter-Mischung bestreichen. In eine gebutterte ovale Auflaufform legen und im vorgeheizten Backofen bei 85 °C etwa 40 Minuten garen. Die letzten 5 Minuten den Ofen auf 160 °C stellen, damit die Kruste etwas Farbe annehmen kann.

3. In der Zwischenzeit Chicorée halbieren. In einer Pfanne Butter zerlassen, Chicorée mit der Schnittfläche nach unten einlegen und mit Rohzucker bestreuen. Mit Kristallsalz, schwarzem Pfeffer und Zitronenschalen würzen. Sanft braten und mit Zitronensaft ablöschen. Wenden und weitere 3 Minuten weiter glasieren. Halten Sie dabei die Temperatur niedrig, damit der Chicorée in seinem eigenen Saft goldgelb glasieren kann. Zum Schluss die abgezupften Estragonblätter zugeben und auf Tellern anrichten. Milchkalbsrückensteaks dazulegen und mit dem Fleischsaft servieren.

ZUBEREITUNGSZEIT: 1 1/2 STD.

Zutaten für 4 Personen

4 Milchkalbsrückensteaks à 140 g
120 g Butter, zimmerwarm
1 Bund gemischte Kräuter (Petersilie, Kerbel, Dill, Schnittlauch, Estragon)
1 EL grober Senf
1 TL scharfer Senf
Kristallsalz
frisch geriebene Muskatnuss
1 Prise Cayennepfeffer
60 g frisch geriebenes Weißbrot

4 Chicorée
30 g Butter
1 TL brauner Rohzucker
Kristallsalz
schwarzer Pfeffer aus der Mühle
1 TL Zitronenschale, in feine Streifen geschnitten
Saft von 1 Zitrone
1 Bund Estragon

Tipp

Bei der 85 Grad Garung handelt es sich um eine besonders schonende Art der Zubereitung. Falls Milchkalb nicht verfügbar sein sollte, nehmen Sie normales Kalbfleisch. Dann muss jedoch die Garzeit entsprechend verlängert werden, weil es nicht so zart ist.

Zutaten für 4 Personen

600 g Kalbsleberscheiben, sehr dünn geschnitten
40 g Butter
200 g frische Preiselbeeren
2 EL brauner Rohzucker
50 ml Apfelessig
Kristallsalz
schwarzer Pfeffer aus der Mühle

Kartoffelpüree:

500 g mehlige Kartoffeln, geschält
80 g kalte Butterflocken
ca. 150 ml heiße Milch
Kristallsalz
frisch geriebene Muskatnuss

Preiselbeeren

Kalbsleberscheiben mit Preiselbeeren

1. Kartoffeln in reichlich Salzwasser kochen und abschütten. Durch eine Kartoffelpresse drücken und die kalten Butterflocken mit einem Holzlöffel einarbeiten. Danach so viel heiße Milch zugießen, bis das Püree die gewünschte Konsistenz hat. Mit Muskatnuss und Kristallsalz abschmecken.

2. Kalbsleberscheiben salzen, pfeffern und sofort in eine große Pfanne mit schäumender Butter geben. Von beiden Seiten etwa 1 Minute braten und auf einen vorgewärmten Teller geben.

3. In dieselbe Pfanne sofort die verlesenen Preiselbeeren geben und mit Rohzucker bestreuen. Auf großer Hitze kurz durchschwenken und mit Apfelessig ablöschen. Essig stark einkochen lassen. Vom Kartoffelpüree Nocken abstechen, mit den gebratenen Kalbsleberscheiben auf Tellern anrichten und Preiselbeeren und etwas Essigsauce darüber geben.

ZUBEREITUNGSZEIT: 40 MIN.

Tipp

Falls man eine mildere Variante wünscht, kann man anstatt der Preiselbeeren Blaubeeren nehmen, sollte dabei jedoch den Zucker um die Hälfte reduzieren, da die Blaubeeren von Natur aus süßer sind.

Feigen

Frische Feigen mit Lorbeer-Nelke und rotem Portwein

Zutaten für 4 Personen

12 kleine grüne Feigen
12 kleine frische Lorbeerblätter
12 Nelken
8 cl roter Portwein
Kristallsalz
schwarzer Pfeffer aus der Mühle

1. Feigen waschen und gut abtrocknen. Der Länge nach halbieren, dabei aber nicht ganz durchschneiden. In den Schnitt ein Lorbeerblatt geben und mit einer Nelke fixieren.

2. In einen luftdicht verschließbaren Behälter nebeneinander legen, mit rotem Portwein begießen, salzen und pfeffern. Verschließen und an einem kühlen Ort etwa 2 Stunden marinieren lassen.

ZUBEREITUNGSZEIT: 10 MIN. UND 2 STD. MARINIERZEIT

Tipp

Diese Feigen schmecken durch das Lorbeerblatt und die Nelke hervorragend würzig und sind ideale Begleiter zu frischem Käse.

Zwetschgen

Grießflammerie mit Zimt-Zwetschgen

1. Vollmilch mit halbierter und ausgekratzter Vanilleschote und -mark, Rohzucker sowie 1 Prise Kristallsalz aufkochen. Hartweizengrieß einrieseln lassen und wieder zum Kochen bringen. Etwa 3 Minuten durchkochen lassen, vom Feuer nehmen und abgeriebene Zitronenschale untermischen. Etwas abkühlen lassen. Die eingeweichte und ausgedrückte Gelatine in den noch warmen Grießbrei rühren und auskühlen lassen. Dabei öfter umrühren, damit sich keine Haut bilden kann. Zum Schluss die geschlagene Sahne unterheben und in kleine Schälchen abfüllen.

2. In der Zwischenzeit die Zwetschgen halbieren und entkernen. Zuckern, Pflaumenschnaps zugeben und mit gemahlenem Zimt bestreuen. Über das Grießflammerie geben und zum Schluss mit etwas gemahlenem Zimt bestreuen und mit Minzeblüten garnieren.

ZUBEREITUNGSZEIT: 45 MIN.

Zutaten für 4 Personen

250 ml Vollmilch
1 Vanilleschote
50 g brauner Rohzucker
1 Prise Kristallsalz
60 g Hartweizengrieß
geriebene Schale von 1/2 Zitrone
2 Blatt Gelatine

250 g geschlagene Sahne
500 g Zwetschgen
60 g brauner Rohzucker
1 TL Zimt, fein gemahlen
2 cl Pflaumenschnaps
einige Minzeblüten zum Garnieren

Tipp

Zwetschgen oder Pflaumen eignen sich hervorragend zum Abnehmen, weil sie zum einen Fette im Darm binden und zum anderen die Umwandlung von Zucker in Fette verhindern.

Heidelbeeren

Crêpes mit frischen Heidelbeeren

1. Für den Teig Butter in einer kleinen Kasserolle so lange erhitzen, bis die Molke der Butter goldgelb geworden ist. Sofort in ein zweites Gefäß umfüllen, damit die Resthitze die Molke nicht verbrennt. Danach alle Zutaten in ein hohes Gefäß geben und mit einem Stabmixer pürieren. Durch ein feines Sieb passieren und kurz abgedeckt ruhen lassen.
In der Zwischenzeit die Heidelbeeren verlesen und mit Rohzucker und Cointreau marinieren.

2. In einer beschichteten Pfanne dünne Crêpes backen und zweimal zu einem Dreieck falten. Jeweils einige Blaubeeren in die Öffnungen geben, je zwei Crêpes auf einem Teller anrichten und restliche Heidelbeeren darüber verteilen.

3. Zum Schluss mit etwas Rohzucker bestreuen.

ZUBEREITUNGSZEIT: 30 MIN.

Zutaten für 4 Personen

75 g Butter
185 ml Vollmilch
75 g Vollkornmehl
2 Eier
30 g brauner Rohzucker
Mark von 1/2 Vanilleschote
1 Prise Kristallsalz
etwas Sonnenblumenöl zum Braten

250 g Heidelbeeren
2 EL brauner Rohzucker
2 cl Cointreau

Tipp

Heidelbeeren, auch Blaubeeren genannt, halten sich nicht sehr lange und sollten deshalb rasch verarbeitet und verzehrt werden. Beeren immer trocken aufbewahren, denn wenn sie nass werden, beginnen sie schnell zu faulen.

Wint

Der Winter:

Die Tage sind kurz und der Appetit auf Deftigeres nimmt zu. Jetzt ist die Zeit der feinen Wintergemüse wie Kohlsorten oder Maronen. Auch ein Gläschen Rotwein tut gut in der kalten Jahreszeit.

Marinierte Kohlrabischeiben mit Trauben und Mandelblättchen

Zutaten für 4 Personen

3 rotschalige Kohlrabi
1 weiße Zwiebel, geschält und in Streifen geschnitten
1 EL rote Pfefferkörner, grob zerstoßen
Kristallsalz
4 EL Sonnenblumenöl
2 EL weißer Traubenessig
200 g kleine rote Trauben
60 g Mandelblättchen, geröstet

1. Kohlrabi schälen und in dünne Scheiben schneiden. Zwiebel in Streifen untermischen und mit Kristallsalz, zerstoßenen Pfefferkörnern, Sonnenblumenöl und Traubenessig abschmecken. Einige Minuten marinieren und auf Tellern verteilen.

2. Trauben waschen und in kleine Rispen teilen. Zum Schluss mit goldgelb gerösteten Mandeln bestreuen und servieren. Das ist eine ungewöhnliche und interessante Kombination von Aromen, welche jedoch vorzüglich harmonieren.

ZUBEREITUNGSZEIT: 15 MIN.

Tipp

Nehmen Sie doch anstatt Kohlrabi rohe Erdartischocken. Auf dieselbe Art zubereiten. Die knackige Konsistenz und der leicht herbe Geschmack der Erdartischocke passt ebenfalls gut zu Trauben und Mandelblättchen.

Zutaten für 4 Personen

400 g Reisnudeln
200 g frische Shitake-Pilze
1 Bund Lauchzwiebeln
1 rote Paprikaschote, halbiert und entkernt
1/2 Bund Koriander

Saft von 2 Limetten
feines Kristallsalz
1 Prise brauner Rohzucker
1/2 Knoblauchzehe, fein gehackt
1/2 TL Ingwer, frisch gerieben
5 EL Erdnussöl
einige Tropfen Sesamöl

Reisnudelsalat mit Paprika und Lauchzwiebeln

1. Reisnudeln in kochendem Wasser garen und sofort mit kaltem Wasser abschrecken. Geputzte Shii-Take-Pilze vierteln und in einer beschichteten Pfanne in 2 Esslöffeln Erdnussöl scharf anbraten. In eine große Schüssel zusammen mit in kleinen Stücken geschnittenen Paprikaschoten, in Ringe geschnittenen Lauchzwiebeln und etwas gehacktem Koriander geben und vermischen.

2. Für die Vinaigrette Limettensaft mit Rohzucker, Kristallsalz, Knoblauch, Ingwer, Sesam- und Erdnussöl mischen. Mit den restlichen Zutaten vermischen und etwa eine halbe Stunde marinieren.

3. Reisnudelsalat in Portionsschalen anrichten und mit Korianderblättern garnieren.

ZUBEREITUNGSZEIT: 45 MIN.

Tipp

Je nach Geschmack kann man gebratene Garnelen oder kurz gebratene Geflügelstücke unter den Salat mischen.

Tofu

Salat von gelben Linsen und Wildreis mit Tofuscheiben

Zutaten für 4 Personen

150 g gelbe Linsen
50 g wilder Reis
6 EL Sonnenblumenöl
3 EL Reisessig
Kristallsalz
weißer Pfeffer aus der Mühle
1 kleiner Chinakohl
1 Bund Lauchzwiebeln
400 g frischer Tofu, in Lake

1. Linsen mit der gleichen Menge an Wasser übergießen und über Nacht aufquellen lassen. Wilden Reis in reichlich Wasser etwa 20 Minuten leise köcheln lassen und abgießen. Linsen abschütten, ebenfalls in Wasser etwa 6 bis 8 Minuten köcheln lassen. Abschütten und abschrecken, zusammen mit wildem Reis, Sonnenblumenöl, Reisessig, Kristallsalz und Pfeffer abschmecken und eine halbe Stunde marinieren lassen.

2. Strunk vom Chinakohl abschneiden und Blätter lösen, waschen und beiseite stellen. Das Grün der Lauchzwiebeln abschneiden und der Länge nach halbieren, in kaltes Wasser legen. Rest der Lauchzwiebeln in feine, schräge Ringe schneiden.

3. Chinakohlblätter an den Tellerrand legen, Linsen-Wildreis-Salat dazugeben, in Scheiben geschnittenen Tofu in die Mitte legen und diesen mit gewürztem Kristallsalz und Lauchzwiebelringen bestreuen. Mit Lauchzwiebelgrün garnieren.

Tipp

Tofu, der aus Soja hergestellt wird, ist die vegetarische Antwort auf Fleisch und ideal, um Ihren Eiweißstatus zu verbessern. Im Gegensatz zum Fleisch kann der Körper dieses Eiweiß zu hundert Prozent verwerten.

ZUBEREITUNGSZEIT: 40 MIN. UND 1 NACHT QUELLZEIT FÜR DIE LINSEN

Gewürztes Kristallsalz

- 150 g grobes Kristallsalz
- 1 TL Fenchelsamen
- 1 TL schwarze Pfefferkörner
- 1 TL weiße Pfefferkörner
- 1 TL Wacholderbeeren
- 5 Nelken
- 2 frische Lorbeerblätter
- 1/2 Bund Dill, gezupft
- 1/2 Bund Blattpetersilie, gezupft

Alle Zutaten in einen Küchenmixer geben und kurz mixen, bis die Gewürze grob zerhackt sind. Das gewürzte Kristallsalz in ein gut verschließbares Glas geben.

Rotkohlsalat mit Birnenscheiben und Honig-Orangen-Vinaigrette

Zutaten für 4 Personen

1 kleiner Rotkohl
2 Williams-Birnen
1 EL grobes Kristallsalz
1 EL brauner Rohzucker
2 EL Rotweinessig

4 EL Sonnenblumenöl
4 EL Haselnussöl
4 EL Orangensaft, frisch gepresst
2 EL Rotweinessig
2 EL Honig
Kristallsalz
schwarzer Pfeffer aus der Mühle
einige Streifen kandierte Orangenschale
(Rezept s.S. 137)

1. Rotkohl von äußeren Blättern befreien, Strunk herausschneiden und Kohl mit einem scharfen Messer dünn schneiden. In eine Schüssel geben, mit Kristallsalz, Rohzucker und Rotweinessig vermischen und mit den Händen leicht verkneten, ohne dass dabei die Struktur des Rotkohls bricht. Etwa eine halbe Stunde stehen lassen.

2. Birnen waschen und mit Schale und Kerngehäuse auf der Aufschnittmaschine oder einem feinen Hobel in dünne Scheiben schneiden und unter den Rotkohlsalat mischen.

3. Für die Vinaigrette alle Zutaten außer Öl vermischen. Öl langsam einlaufen lassen und mit einem Schneebesen verrühren.

4. Rotkohlsalat auf Tellern anrichten. Mit Vinaigrette beträufeln und mit kandierten Orangenschalenstreifen garnieren.

ZUBEREITUNGSZEIT: 40 MIN.

Tipp

Achten Sie beim Kauf des Rotkohls auf kleine, geschlossene Köpfe. Sie sind aromatischer und nährstoffreicher, weil sie langsamer gewachsen sind.

Friséesalat

Friséesalat mit Apfelstücken und Granatapfelkernen

1. Friséesalat waschen, putzen, verlesen und in mundgerechte Stücke zupfen. Trockenschleudern und in eine Schüssel geben. Äpfel waschen, vierteln, Kerngehäuse herausschneiden und in dünne Spalten schneiden. Schnittlauch grob schneiden und zusammen mit den Apfelspalten zum Friséesalat geben.

2. Für die Vinaigrette alle Zutaten außer Öl vermischen. Öl langsam einlaufen lassen und mit einem Schneebesen verrühren. Granatapfelkerne in die Vinaigrette geben und diese über den Salat gießen. Vermischen und servieren.

Zutaten für 4 Personen

1 heller Friséesalat
2 Äpfel (Cox Orange)
1 Granatapfel, Kerne herausgelöst
1 Bund Schnittlauch
3 EL Sonnenblumenöl
4 EL Walnussöl
5 EL heller Sherryessig
1 EL brauner Rohzucker
Kristallsalz
weißer Pfeffer aus der Mühle

ZUBEREITUNGSZEIT: 25 MIN.

Tipp

Dieser einfache Wintersalat schmeckt mit Birnen ebenso gut. Wer auf Fleisch nicht verzichten möchte, kann den Salat mit in Öl gebratenen Wachtelbrüstchen ergänzen.

Sauerkraut

Sauerkrautschnecken mit Wacholderbutter

Zutaten für 4 Personen

6 Nudelplatten à 10 x 20 cm
(Rezept s. S. 91) oder fertig gekaufte
40 g brauner Rohzucker
200 ml Sekt
20 g Butterschmalz
150 g Zwiebeln, längs in Streifen geschnitten
1 Apfel (Cox Orange)
500 g Sauerkraut, am besten vom Fass
300 ml Hühnerbrühe (Rezept s. S. 83)
etwas Butter
Kristallsalz
schwarzer Pfeffer aus der Mühle

20 g Butter
1 EL Wacholderbeeren, im Mörser zerstoßen
1 EL Blattpetersilie, ungeschnitten

1. In einer Kasserolle braunen Rohzucker mit etwas Wasser auflösen und goldgelb karamellisieren. Mit Sekt ablöschen und einkochen. Butterschmalz und Zwiebelstreifen zugeben und etwa 10 Minuten schmelzen lassen.

2. Geschälten und entkernten Apfel in feine Streifen schneiden. Die Apfelstreifen und das Sauerkraut zu den Zwiebeln geben, salzen, pfeffern und etwa 10 Minuten mitdünsten. Auf einem Backblech flach verteilen und auskühlen lassen. Zur Weiterverarbeitung muss das Kraut trocken sein, da es sonst beim Einrollen den Teig aufweicht.

3. Das Kraut auf die Nudelteigplatten verteilen, der Länge nach einrollen und in Drittel schneiden. Aufrecht dicht nebeneinander in eine gebutterte Auflaufform stellen und mit heißer Hühnerbrühe begießen. Im auf 180 °C vorgeheizten Ofen 30 bis 35 Minuten garen.

4. In der Zwischenzeit die restliche Butter in einer kleinen Pfanne aufschäumen lassen. Zerstoßene Wacholderbeeren und ganze Petersilienblätter zugeben.

5. Sauerkrautschnecken aus dem Ofen nehmen, vorsichtig auf Tellern anrichten und mit Wacholderbutter leicht begießen.

ZUBEREITUNGSZEIT: 1 STD. UND 30 MIN. FÜR DEN TEIG

Tipp

Sauerkraut ist eines der wenigen vegetarischen Lebensmittel, die reich an Vitamin B12 sind. Während der Zubereitung des Gerichtes sollten Sie ein paar Happen roh essen, um den vollen Wert seiner Vitamine und Spurenelemente zu erhalten.

Thunfisch in Sesamkruste auf Orangen-Zwiebel-Salat

Zutaten für 4 Personen

400 g rohes Thunfischfilet
2 EL Orangensaft
1 EL Honig
5 EL ungeschälter Sesam
Öl zum Braten
1 EL rote Pfefferkörner

2 Orangen, filetiert
1 Bund Lauchzwiebeln, in Ringe geschnitten
1 weiße Zwiebel, in dünne Ringe geschnitten
5 EL Olivenöl extra vergine
2 EL Apfelessig
1 EL brauner Rohzucker
Kristallsalz
schwarzer Pfeffer aus der Mühle

1. Thunfischfilet der Länge nach halbieren. Orangensaft mit Kristallsalz und Honig verrühren und darin die Thunfischstücke etwa 5 Minuten marinieren. In Sesam wälzen und die Samen leicht festdrücken. In einer beschichteten Pfanne in Öl von beiden Seiten kurz und scharf anbraten, herausnehmen und beiseite stellen.

2. Apfelessig, Rohzucker, Kristallsalz, schwarzen Pfeffer und Olivenöl zu einer fruchtigen Vinaigrette verrühren.

3. Orangenfilets, weiße Zwiebelringe und Lauchzwiebeln mit der Vinaigrette marinieren und auf Tellern anrichten. Das lauwarme Thunfischfilet in etwa 1 cm dicke Scheiben schneiden, auf den Salat legen und mit etwas grobem Kristallsalz bestreuen. Innen muss der Thunfisch noch roh sein. Zum Schluss mit roten Pfefferkörnern bestreuen.

ZUBEREITUNGSZEIT: 30 MIN.

Tipp

Probieren Sie doch einmal anstatt der Apfelessig-Vinaigrette eine asiatische Vinaigrette mit Erdnussöl, einigen Tropfen geröstetem Sesamöl, Sojasauce, frisch geriebenem Ingwer, Koriandergrün und etwas Curry.

Tipp

Angemachtes Rindertatar schmeckt ebenfalls sehr gut, wenn es von beiden Seiten leicht angebraten und mit Spiegelei serviert wird.

Rettich

Schwarzer Winterrettich mit pikantem Rindertatar

1. Mageres Rindfleisch mit einem großen Messer in kleine Würfel schneiden, danach noch fein hacken. Zwiebeln, Cornichons, Kapern und Sardellenfilets ebenfalls in sehr kleine Würfel schneiden. Alle Zutaten in einer Schüssel vermengen und mit Cognac, Tabasco, Salz, Paprika und Pfeffer pikant abschmecken.

2. Schwarzen Rettich schälen und in 5 cm dicke Scheiben schneiden. Scheiben mit den Rändern in grob zerstoßenem Pfeffer wälzen und danach wie eine Torte in kleine Stücke schneiden. Jeweils eine geteilte Scheibe Rettich auf Teller geben, Rindertatar verteilen und mit einigen Schnittlauchstangen garnieren. Grobes Kristallsalz mit auf den Teller geben, damit der in Stücke geschnittene Rettich darin gedippt werden kann.

ZUBEREITUNGSZEIT: 30 MIN.

Zutaten für 4 Personen

1 schwarzer Winterrettich
1 TL schwarze Pfefferkörner, grob geschrotet
1 TL rote Pfefferkörner, grob geschrotet
grobes Kristallsalz

500 g ganz magere Rinderkeule am Stück
2 kleine Zwiebeln, geschält
4 Cornichons
1 EL Kapern
4 Sardellenfilets
1 EL Schnittlauch, in feine Röllchen geschnitten
2 Eigelbe
1 TL Dijon-Senf
1 Schuss Cognac
1 Spritzer Tabasco
Kristallsalz
Paprikapulver, edelsüß
schwarzer Pfeffer aus der Mühle

Tafelspitz vom Galloway-Rind mit Rohkostsalaten

1. Tafelspitz mit Gewürzen und Kristallsalz in kochendes Wasser geben und leise köcheln lassen. Nach einer Stunde das Gemüse zugeben und weiter leise köcheln. Nach etwa 2 Stunden ist der Tafelspitz gar – Garprobe mit der Fleischgabel machen: Wenn man in das Fleisch hineinsticht und es sich leicht von der Gabel löst, ist es fertig.

2. Karotten und Rettich jeweils in separate Schüsseln grob raspeln. Blumenkohlröschen und Radieschen in dünne Scheiben schneiden. Schöne Blätter der Brunnenkresse abzupfen.

3. Jedes Gemüse mit Kristallsalz, Zitronensaft und etwas Sonnenblumenöl anmachen und portionsweise auf einem ovalen Teller anrichten.
Tafelspitz in Scheiben schneiden und dazulegen, mit einigen hellen Staudensellerieblättern garnieren und zum Schluss mit etwas grob geschrotetem Pfeffer und grobem Kristallsalz bestreuen.

ZUBEREITUNGSZEIT: 2 1/2 STD.

Tipp

Versuchen Sie den Tafelspitz auch einmal mit Lauchgemüse: Hierzu den in Stücke geschnittenen Lauch in etwas Butter und Wasser ca. 10 Minuten leicht dünsten. Mit Pfeffer aus der Mühle, Kristallsalz und Muskatnuss abschmecken. Wer will, kann auch noch einen Schuss Sahne zugeben.

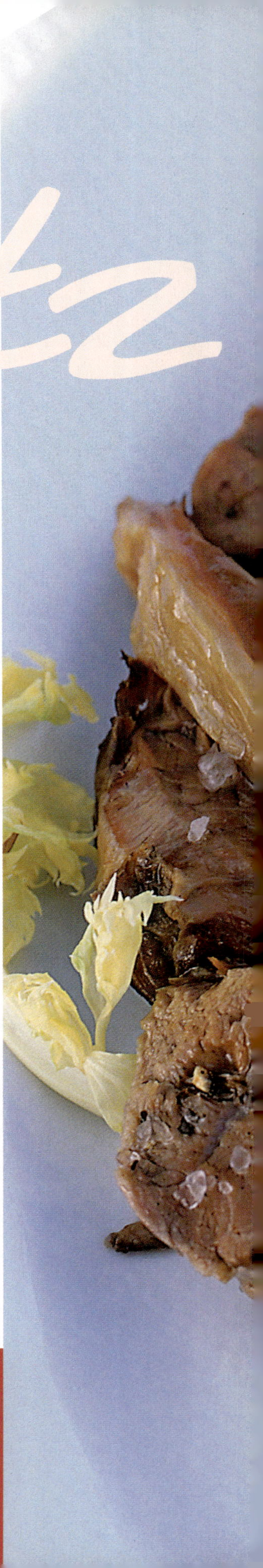

Zutaten für 4 Personen

1,2 kg Tafelspitz vom Galloway-Rind
2 Zwiebeln
2 Karotten
1 Lauchstange
1/2 Knollensellerie
1/2 TL weiße Pfefferkörner
5 Pimentkörner
grobes Kristallsalz
etwas Grün vom Staudensellerie
schwarzer Pfeffer aus der Mühle

Rohkostsalate:

2 Karotten, geschält
1/2 weißer Rettich, mittelgroß
1/2 kleiner Blumenkohl
1 Bund Radieschen
1 Bund Brunnenkresse
Saft von 1 Zitrone
Kristallsalz aus der Salzmühle
4 EL Sonnenblumenöl

Gebratenes Rebhuhn mit Petersilienwurzeln

1. Rebhühner von innen und außen mit Kristallsalz, Pfeffer und Wacholderbeeren würzen. Je einen Thymianzweig und eine ganze Schalotte einlegen – das aromatisiert die Rebhühner von innen. Keulen und Flügel mit Küchengarn zusammenbinden. Backofen auf 190 °C vorheizen. In einer Bratenkasserolle Butterschmalz zerlassen. Rebhühner auf ihren Keulen darin etwa 5 Minuten anbraten. Wenden und in den Ofen geben. Rebhühner 25 bis 30 Minuten braten, dabei öfter mit gelöstem Bratensatz begießen.

2. In der Zwischenzeit Rohzucker mit 4 Esslöffeln Wasser in einer Kasserolle auflösen und goldgelb karamellisieren lassen. Mit Apfelessig ablöschen und Butter zugeben. Je nach Größe der Petersilienwurzeln diese der Länge nach halbieren oder vierteln und dazugeben. Mit Kristallsalz und Pfeffer würzen und zugedeckt etwa 6 bis 8 Minuten dünsten. Dabei darauf achten, dass die Petersilienwurzeln nicht ansetzen. Gegebenenfalls mit etwas Wasser ablöschen.

3. Kurz vor Ende der Garzeit der Rebhühner grüne Knollensellerieblätter dazugeben und diese im heißen Bratensatz zusammenfallen lassen. Herausnehmen und Küchengarn entfernen.

4. Auf Tellern zusammen mit Petersilienwurzeln anrichten. Bratensatz und Knollensellerieblätter darüber geben und servieren.

ZUBEREITUNGSZEIT: 45 MIN.

Zutaten für 4 Personen

4 kleine Rebhühner, küchenfertig
4 Schalotten, geschält
4 kleine Thymianzweige
Kristallsalz
schwarzer Pfeffer aus der Mühle
1 TL Wacholderbeeren, zerdrückt
40 g Butterschmalz
einige grüne Blätter vom Knollensellerie

500 g Petersilienwurzeln, geschält
40 g brauner Rohzucker
3 EL Apfelessig
40 g Butter
Kristallsalz
schwarzer Pfeffer aus der Mühle

Tipp

Zum gebratenen Wildgeflügel passen viele Beilagen: Zum Beispiel Schwarzwurzel, ein zu Unrecht unterschätztes Gemüse. Das wird auf dieselbe Art wie die Petersilienwurzeln zubereitet. Wirsingblätter oder Rosenkohl können Sie ebenfalls probieren, denn Rebhühner haben es gerne würzig.

Hirsch

Hirschkoteletts mit Lorbeerblättern gebraten und weißen Rübchen

Zutaten für 4 Personen

8 Hirschkoteletts à 100 g
Kristallsalz
schwarzer Pfeffer aus der Mühle
5 Wacholderbeeren, zerdrückt
20 frische Lorbeerblätter
20 g Butter
2 EL Sonnenblumenöl zum Braten

500 g kleine weiße Rübchen, geschält
40 g Butter
2 EL brauner Rohzucker
Kristallsalz
1/2 TL Kümmel, gehackt
etwas Apfelessig

1. Hirschkoteletts mit Kristallsalz, Pfeffer aus der Mühle und zerdrückten Wacholderbeeren würzen. Butter und Öl in einer großen Pfanne zerlassen und Hirschkoteletts hineinlegen. Gewaschene Lorbeerblätter zugeben und mitbraten. Nach etwa 3 Minuten wenden und die Lorbeerblätter auf die Koteletts legen, damit sie nicht verbrennen. Weitere 3 Minuten braten und immer wieder mit Bratensatz begießen.

2. In der Zwischenzeit restliche Butter zerlassen, Rübchen zugeben und mit Kristallsalz, Rohzucker und gehacktem Kümmel würzen und auf kleiner Flamme goldgelb anbraten. Mit einigen Spritzern Apfelessig ablöschen und weitere 5 Minuten garen. Zusammen mit den Hirschkoteletts auf Tellern anrichten und servieren.

ZUBEREITUNGSZEIT: 40 MIN.

Tipp

Servieren Sie als Beilage kleine Kartoffel-Sellerie-Puffer: rohe, geschälte Kartoffeln und Knollensellerie reiben, mit etwas Mehl und einem Ei binden und goldgelb in Butterschmalz ausbraten. Anstatt der weißen Rübchen können auch glasierte Esskastanien gereicht werden.

Rehmedaillons

Rehmedaillons mit schwarzem Trüffel und Apfelkompott

1. Champignons in Butter anschwitzen, mit Zitronensaft ablöschen und weich dünsten. Ist die Flüssigkeit verkocht, dann in einer Schüssel kalt stellen.

2. Kalte Rehabschnitte ohne Sehnen mit Kristallsalz, Pfeffer und Portwein marinieren und in einer Moulinette fein mixen. Trüffelsaft untermischen und mit dieser Farce Champignons binden und abschmecken.

3. Rehmedaillons mit Kristallsalz, Pfeffer und fein gemahlenen Wacholderbeeren würzen und der Champignonsmasse rundherum einstreichen. Von unten und oben jeweils mit einer Trüffelscheibe belegen.

4. Butter schmelzen, grüne Pfefferkörner darin anschwitzen und mit Zitronensaft ablöschen. Rohzucker und Zitronenschalen zugeben und kurz durchkochen. Die Babyäpfel darin schwenken und vom Feuer nehmen – soll das Kompott lauwarm serviert werden.

5. Rehmedaillons in einer beschichteten Pfanne in etwas Öl von beiden Seiten langsam mit zerdrückten Wacholderbeeren braten. Vorsicht beim Wenden, da sich sonst die Champignonmasse ablösen könnte.
Auf einen Teller jeweils zwei Rehmedaillons anrichten, mit glasierten Äpfeln umlegen. Den Bratensatz mit Trüffelsaft ablöschen, passieren, einkochen lassen und über Rehmedaillons geben.

ZUBEREITUNGSZEIT: 45 MIN.

Tipp

Versuchen Sie doch einmal Rehrücken in Kristallsalzteig: Für den Salzteig 400 g Mehl mit 400 g fein gemahlenem Kristallsalz in einer Schüssel mischen. 3 Eier und 100 ml Wasser zugeben und einen glatten Teig herstellen. In Klarsichtfolie wickeln und 1 Stunde im Kühlschrank ruhen lassen. In der Zwischenzeit den Rehrücken mit zerstoßenem Sternanis und Thymianblättern würzen. In dünn geschnittenen weißen Speck einwickeln. Teig etwa 1 cm dick ausrollen und Rehrücken in Salzteig einschlagen. In den 240 °C vorgeheizten Ofen geben und 15 bis 18 Minuten backen, wenn das Fleisch rosa sein soll. Ansonsten die Garzeit 5 bis 7 Minuten verlängern.

Zutaten für 4 Personen

8 Stück Rehmedaillons, ca. 400 g
Kristallsalz
schwarzer Pfeffer aus der Mühle
1 Messerspitze fein gemahlene Wacholderbeeren
Sonnenblumenöl zum Braten
80 g schwarzer Trüffel, in Scheiben
10 angedrückte Wacholderbeeren
100 ml Trüffelsaft

150 g Champignons, in Scheiben
10 g Butter
Saft einer halben Zitrone

60 g Rehabschnitte
2 cl roter Portwein
40 ml Trüffelsaft
Kristallsalz und weißer Pfeffer

200 g Babyäpfel
30 g brauner Rohzucker
10 g Butter
10 g grüne Pfefferkörner
1 TL fein geschnittene Zitronenschale
Saft einer halben Zitrone

Salat von rosa Grapefruits, Orangen und Kumquats

1. Grapefruits, Orangen und Zitrone oben und unten abschneiden. Mit einem scharfen Messer die Früchte so abschälen, dass die gesamte weiße Haut abgetrennt ist. Filets herauslösen und Saft separat auffangen. Kumquats in dünne Scheiben schneiden.

2. Saftorangen halbieren, pressen und mit restlichem Saft vermischen. Zusammen mit 20 g Zucker bis zur sirupartigen Konsistenz einkochen.
Filets mit Kumquatscheiben in Schälchen anrichten und mit Orangensirup beträufeln.
Zum Schluss noch mit kandierten Orangenschalenstreifen belegen.

Zutaten für 4 Personen

- 2 Navel-Orangen
- 2 rosa Grapefruits
- 2 Saftorangen
- 1 Zitrone
- 8 kleine Kumquats
- 20 g brauner Rohzucker

ZUBEREITUNGSZEIT: 20 MIN.

kandierte Orangenschalen

Zutaten:

- Schale von 1 Orange
- 80 g brauner Rohzucker
- 100 ml Wasser

Schale der Navel-Orangen unter heißem Wasser gut abwaschen und mit einem Sparschäler abschälen. Restliche Teile der weißen Haut mit einem Messer entfernen. Orangenschale in längliche, feine Streifen schneiden. In einen Topf 80 g Rohzucker mit 100 ml Wasser geben. Orangenschalenstreifen zugeben und sanft so lange kochen, bis die Streifen wie kandiert sind. Abkühlen lassen und in einem verschlossenen Glas bis zur weiteren Verarbeitung aufbewahren.

ZUBEREITUNGSZEIT: 20 MIN.

Tipp

Die Zubereitung der kandierten Orangenschalen scheint etwas aufwändiger, aber der Aufwand lohnt sich. Die süßbittere Schale gibt diesem Zitrusfruchtsalat den nötigen Pfiff. Bereiten Sie ruhig mehr von dieser Schale zu. Sie hält sich in luftdicht verschlossenen Gläsern sehr lange im Kühlschrank und peppt auch jedes noch so einfache Dessert auf.

Zutaten für 4 Personen

400 g frische Datteln, weich und gereift
8 Mandarinen
2 Saftorangen
80 g brauner Rohzucker
4 Sternanis
2 Zimtstangen, halbiert
10 weiße Kardamomkapseln
einige Streifen kandierte
Orangenschalen (Rezept s.S. 137)

Datteln

Frische Datteln mit Mandarinen-Sirup

1. Mandarinen und Orangen entsaften. Braunen Rohzucker mit etwas Wasser in einem Topf auflösen und unter sanfter Hitze goldgelb karamellisieren lassen. Mit Saft ablöschen, Gewürze zugeben und auf ein Viertel einkochen lassen.
Frische Datteln abzupfen und in eine flache Schale legen. Mit dem noch warmen Mandarinen-Kardamomsirup begießen und darin auskühlen lassen.

2. Zum Servieren jeweils etwa 6 bis 8 Datteln in einer Schale anrichten, mit etwas Sirup begießen. Mit einigen Streifen kandierter Orange garnieren und servieren.

ZUBEREITUNGSZEIT: 40 MIN.

Tipp

Bekommt man keine frischen Datteln, so kann man auch getrocknete nehmen. Dann allerdings bei der Zubereitung des Sirups den Zucker weglassen, da die getrockneten Datteln sehr süß sind und der säurebetonte Saft den Dattelgeschmack wunderbar hervorhebt. Bereiten Sie ohne Bedenken die doppelte bis dreifache Menge dieses Rezeptes zu und geben die restlichen Datteln in ein verschließbares Einweckglas. Je länger sie stehen, umso mehr saugen sie sich mit dem leckeren Sirup voll.

Gegrillte Mango mit Vanille und Palmzucker

Zutaten für 4 Personen

2 reife Thai-Mangos
2 Vanilleschoten
40 g Butter
1 Prise Kristallsalz
40 g Palmzucker am Stück
4 cl brauner Rum

1. Mangos gut waschen und abtrocknen. In zwei Hälften schneiden, dabei genau am flachen Kern seitlich vorbei schneiden. Die vier Hälften in eine vorgeheizte Grillpfanne geben und in 2 Minuten nur mit der Fruchtseite nach unten grillen.

2. Beide Vanilleschoten in 5 cm große Stücke schneiden und mit Butter, 1 Prise Kristallsalz und der Hälfte des fein geraspelten Palmzuckers erhitzen. Gegrillte Mangos in die Pfanne geben und mit braunem Rum ablöschen. Noch so lange schwenken, bis der Rum verkocht ist und die Buttermischung eine sirupartige Konsistenz bekommen hat.
Auf Tellern anrichten und mit restlichem Palmzucker bestreuen.

ZUBEREITUNGSZEIT: 20 MIN.

Tipp

Diese Zubereitungsart eignet sich ebenfalls hervorragend für Ananas oder Bananen. Zur Krönung eine Kugel Vanilleeis dazugeben.

Nachru

Nahrung als Medizin:

Richtiges Kochen lehrt uns, wie wir mit den Lebensmitteln umzugehen haben, damit ihre wertvollen Wirkstoffe erhalten bleiben. Seit Jahrtausenden lehrt uns die Naturheilkunde, Lebensmittel auch als Arznei zu betrachten, in einem wahrhaft ganzheitlichen Sinn.

Nahrung als

ARTISCHOCKE – Leberarzt

In den Mittelmeerländern zu Hause – heute in der ganzen Welt erhältlich. Verzehrt werden die Ansätze der Blütenblätter, bei jungem Gemüse auch die ganze Blüte – der Blütenboden gilt als Delikatesse. Hauptwirkstoff ist Cynarin, ein Bitterstoff, der Leber und Galle bei der Verdauung unterstützt.

Wirkungsweise
- fördert Galleabfluss aus der Leber
- beugt Gallensteinbildung vor
- senkt den Cholesterinspiegel
- regt die Nieren an
- reguliert den Blutzuckerspiegel

Hauptwirkstoffe
- Cynarin
- Kalium
- Folsäure
- Eisen
- Zink

BLATTSALATE – Magnesiumbombe

Eissalat, römischer Salat, Rucula, Löwenzahn, Endivien, Burgunder oder Feldsalat, eine schier unübersehbare Menge an Blattsalaten steht das ganze Jahr im Angebot. Je dunkler das Grün der Blätter, desto reicher sind sie an dem Pflanzenfarbstoff Chlorophyll und an Magnesium, dem Vitalstoff der Zellen.

Wirkungsweise
- stärken Muskeln und Herz
- wirken entkrampfend
- machen fit im Sport
- steigern unsere Vitalität
- stärken das Immunsystem
- heben die Stimmungslage

Hauptwirkstoffe
- Magnesium
- Eisen
- Vitamin C
- Mangan
- Bitterstoffe

BLUMENKOHL – Vitaminbombe

Ein idealer Schlankmacher mit wenig Kalorien, aber voller Vitamine und Spurenelemente, der dazu noch satt macht.

Wirkungsweise
- kräftigt das Immunsystem
- senkt den Blutdruck
- wirkt heilend auf Dickdarmschleimhäute
- hilft bei Gewichtsreduktion
- wirkt entwässernd

Hauptwirkstoffe
- Beta-Carotin
- Kalium
- Vitamin B, C, E
- Folsäure
- Kalzium
- Magnesium
- Zink

BOHNEN – Eiweißlieferant

Der hohe Anteil an Nukleinsäuren (Eiweißbausteinen) unterstützt die Regeneration unserer Zellen sowie den Muskelaufbau und ist besonders für Vegetarier unersetzlich.

Wirkungsweise
- unterstützen den Muskelaufbau
- wirken vitalisierend und regenerierend
- unterstützen das Haarwachstum
- regen die Nierentätigkeit an

Hauptwirkstoffe
- Aminosäuren
- Kalium
- Folsäure
- Kalzium
- Magnesium
- Zink
- Eisen
- Vitamin B12

Salate Medizin

BROKKOLI – Antiaging-Mittel

Er braucht viel Sonne zum Gedeihen und gehört zu den gesündesten Gemüsesorten überhaupt. Brokkoli ist ein ausgezeichneter Radikalenfänger und die natürliche Antwort auf Antiaging-Pillen.

Wirkungsweise
- repariert geschädigte Zellen
- unterstützt den Stoffwechsel
- beugt Muskelverspannungen vor
- stärkt Herzfunktion und Kreislauf
- lindert Menstruationsbeschwerden
- Anti-Stress-Gemüse
- vermindert das Krebsrisiko

Hauptwirkstoffe
- Beta-Carotin
- Folsäure
- Kalzium
- Magnesium
- Vitamin C
- Eisen
- Vitamin E
- Zink

BRUNNENKRESSE – Blutreiniger

Zu schade zum Garnieren! Sie ist eine der wertvollsten Salatsorten, die in der freien Natur wachsen. Neben ihrer antioxidativen Wirkung und dem Schutz vor Infektionen ist die Brunnenkresse vor allem für ihre blutreinigende Wirkung bekannt.

Wirkungsweise
- regt den Stoffwechsel an
- reinigt das Blut
- stärkt das Immunsystem
- wirkt hautreinigend
- unterstützt die Verdauung
- schützt Herz und Gefäße
- stärkt Knochen und Zähne

Hauptwirkstoffe
- Kalzium
- Beta-Carotin
- Folsäure
- Vitamin B_1, C, E
- Zink
- Eisen
- ätherische Öle
- Bitterstoffe

CHICORÉE – Entgiftungsmedizin

Wächst im Dunkeln und hat deshalb außer Bitterstoffen wenig Wirkstoffe. Dafür unterstützt er die Verwertung anderer Kost und vor allem die Entgiftung des Körpers.

Wirkungsweise
- fördert die Ausschüttung von Verdauungssäften
- entgiftet den Darm
- befreit von Verstopfung
- stabilisiert die Darmflora
- senkt Blutfettwerte

Hauptwirkstoffe
- Bitterstoffe

ERBSEN – Nervenberuhiger

Sind wie alle Hülsenfrüchte gute Eiweißlieferanten. Das Besondere: ein hoher Zink- und Vitamin B_1-Gehalt wirkt beruhigend auf die Nerven.

Wirkungsweise
- Eiweißlieferant
- wirken vitalisierend und regenerierend
- beruhigen
- senken Blutfettwerte
- fördern den Muskelaufbau
- regulieren die Darmtätigkeit

Hauptwirkstoffe
- Aminosäuren
- Vitamin B_1
- Vitamin C
- Zink
- Magnesium
- Vitamin B_{12}

FENCHEL – Mittel gegen Blähungen

Schon die alten Griechen und Römer wussten um die Heilkraft der Fenchelknolle und schätzten ihr würziges Aroma in der Küche. In der indischen Küche wird nach jeder Mahlzeit Fenchelsamen gereicht, der die Verdauung unterstützen und Blähungen verhindern soll.

Wirkungsweise

- entbläht den Darm
- senkt Blutfettwerte
- wirkt entgiftend
- wirkt schleimlösend
- beruhigt und entspannt
- reguliert den Hormonspiegel

Hauptwirkstoffe

- Aminosäuren
- Beta-Carotin
- Kalium
- Folsäure
- Vitamin C
- Zink

GURKE – Durstlöscher

Kalorienärmer geht es nicht! Dafür enthält die Gurke viel Wasser, in dem die Biostoffe in idealer Weise gelöst sind. Wichtigster Bestandteil ist Erepsin, ein Enzym, das Eiweiß spaltet und Bakterien und Würmer im Darm tötet.

Wirkungsweise

- verbessert die Eiweißverwertung
- kräftigt Haut und Haare
- hilft bei Sonnenbrand (äußerlich)
- entgiftet und reinigt den Darm

Hauptwirkstoffe

- Erepsin
- Silizium

KAROTTE – Augenmittel

Ihre orange Farbe verdankt die Karotte ihrem hohen Gehalt an Beta-Carotin, einer Vorstufe des Vitamin A, das unter anderem die Sehkraft verbessert. Aber sie hat auch noch mehr zu bieten: neben weiteren Vitaminen enthält sie das seltene, kostbare Spurenelement Selen.

Wirkungsweise

- stärkt die Sehkraft
- aktiviert die Spermienbildung
- bindet freie Radikale
- beugt Krebserkrankungen vor

Hauptwirkstoffe

- Beta-Carotin
- Selen
- Vitamin C

KARTOFFEL – Energiespender

Sie ist ein absoluter Alleskönner! Schon die Inkas in den Hochanden Südamerikas, der Geburtsregion der Kartoffel, schätzten diese Knolle als Hauptnahrungsmittel, und auch aus unserer Küche ist sie nicht mehr wegzudenken. Neben hochwertigen Kohlenhydraten ist sie reich an Mineralien, Eiweiß und Spurenelementen.

Wirkungsweise

- stärkt die Muskeln
- baut Knochensubstanz auf
- entwässert und stärkt das Herz
- stimuliert das Wachstum
- regt die Hormonproduktion an

Hauptwirkstoffe

- Kohlenhydrate
- Aminosäuren
- Eiweiß
- Vitamin B3
- Vitamin C
- Kalium
- Kalzium
- Zink
- Selen

KÜRBIS – Prostatamittel

Neben dem Fruchtfleisch, das einen hohen Anteil an Beta-Carotin, Mineralien und Vitaminen aufweist, sind die kleinen Kürbiskerne ein wahrer Bioschatz: hochwertige, ungesättigte Fettsäuren und Eiweißbausteine verjüngen die Körperzellen, sorgen für gesundes Wachstum und sollen besonders der Prostata gut tun.

Wirkungsweise

- hilft bei Nieren- und Prostataleiden
- reguliert den Wasserhaushalt
- entgiftet
- wirkt beruhigend

Hauptwirkstoffe

- Beta-Carotin
- Kalium
- Vitamin B, C, E
- Magnesium
- Eisen
- Zink (Kürbiskerne)

KNOBLAUCH – Gefäßreiniger

Seit Tausenden von Jahren als Naturheilmittel bekannt, besonders gegen Herz-Kreislauf-Erkrankungen, aber auch als natürliches Antibiotikum bei einer gestörten Darmflora. Einziger Wermutstropfen – die typische Ausdünstung nach dem Verzehr.

Wirkungsweise

- beugt Arteriosklerose vor
- schützt Herz und Kreislauf
- tötet schädliche Darmbakterien und Pilze
- wirkt gegen hohen Blutdruck
- bremst den Alterungsprozess
- verbessert die Durchblutung
- senkt den Blutfettspiegel

Hauptwirkstoffe

- Allizin

KOHL – Winterfitmacher

Ob Rotkohl, Grünkohl, Weißkohl, Wirsing, Kohlrabi oder Rosenkohl – es ist das ideale Wintergemüse, das unseren Körper mit hohen Vitamindosen in der kalten Jahreszeit vor Erkältungen schützt. Außerdem enthält eine Portion Kohl so viel Kalzium wie zwei Gläser Milch. Im Gegensatz zum Kalzium der Milch ist es aber aus dem Kohl für unseren Körper zu 100 Prozent verwertbar.

Wirkungsweise

- kräftigt alle Schleimhäute im Körper
- schützt vor Erkältung
- wirkt Osteoporose entgegen
- stärkt Nägel und Haare
- wirkt positiv auf die Psyche
- stoppt den Alterungsprozess

Hauptwirkstoffe

- Kalzium
- Beta-Carotin
- Vitamin B1, 2, 3, 5, 6
- Folsäure
- Biotin
- Vitamin C
- Magnesium

LAUCH – Darmpolizist

Lauch oder Porree ist ein aktiver Darmpolizist; er unterstützt den Verdauungsapparat und ist der natürliche Feind von Darmpilzen und schädlichen Bakterien.

Wirkungsweise

- sorgt für eine gesunde Darmflora
- senkt Blutfettwerte
- hilft bei Blähungen und Durchfall
- fördert die Durchblutung
- hilft bei Venenleiden
- beugt Hämorrhoiden vor

Hauptwirkstoffe

- Allizin
- Beta-Carotin
- Vitamin B1
- Vitamin C
- Eisen
- Folsäure

LINSEN – zinkreicher Eiweißlieferant

Sie sind durch ihren hohen Eiweißanteil in der vegetarischen Küche unersetzlich. Aber es steckt noch mehr in ihnen: ein ungewöhnlich hoher Zinkgehalt mit vielseitigen positiven Einflüssen auf unsere Gesundheit.

Wirkungsweise

- Eiweißlieferant
- aktivieren Libido und Potenz
- stärken das Immunsystem
- regulieren den Blutzuckerspiegel
- fördern Muskelaufbau

Hauptwirkstoffe

- Aminosäuren
- Eisen
- Zink
- Kalium
- Vitamin B12
- Folsäure

MANGOLD – Schleimhautschutz

Je dunkler die Blätter, desto mehr Beta-Carotin – die Vorstufe des Vitamin A – enthält er. Mangold ist reich an Ballaststoffen und der beste Freund unserer Darmschleimhaut und Darmflora. Eine köstliche Alternative zu seinem Verwandten, dem Spinat.

Wirkungsweise

- schützt die Schleimhäute
- kräftigt das Immunsystem
- festigt Knochen und Zähne
- schützt vor freien Radikalen

Hauptwirkstoffe

- Beta-Carotin
- Kalzium
- Magnesium
- Vitamin C

MAIS – Nervennahrung

In Italien macht man Polenta daraus, in Mexiko Tortillas und in Amerika Whisky. In Deutschland wird Mais hauptsächlich an Masttiere verfüttert. Einstweilen ist Mais eine köstliche Nährstoffbombe und wirkt besonders positiv auf Psyche und Nerven.

Wirkungsweise

- stärkt die Nerven
- erhöht die Gehirnleistung und Konzentrationsfähigkeit
- hilft bei Impotenz
- stärkt Haut und Haare
- wirkt Stress entgegen

Hauptwirkstoffe

- Kohlenhydrate
- essentielle Fettsäuren
- Vitamin B1, B3, B5
- Mangan
- Folsäure
- Biotin
- Selen
- Zink

OLIVEN – Arterienreiniger

Abgesehen von Samen, Kernen oder Keimlingen finden wir in keiner anderen Pflanze einen solchen Reichtum an hochkarätigen, ungesättigten Fettsäuren wie in den Oliven. Der hohe Anteil an Vitamin E schützt den Körper vor freien Radikalen und somit vor dem Altern.

Wirkungsweise

- beugen Arteriosklerose vor
- senken das schlechte LDL-Cholesterin
- wirken entzündungshemmend
- regenerieren die Zellen

Hauptwirkstoffe

- ungesättigte Fettsäuren
- Vitamin E

PAPRIKA – durchblutungsfördernder Scharfmacher

Ein Antiaging-Gemüse und Muntermacher im besten Sinne. Der wichtigste Wirkstoff ist Capsaicin, der schon in der Antike gegen Durchblutungsstörungen eingesetzt wurde.

Wirkungsweise
- verbessert die Durchblutung
- unterstützt das Immunsystem
- beugt Alterungsprozessen vor
- stärkt die Libido

Hauptwirkstoffe
- Capsaicin
- Beta-Carotin
- Vitamin C
- Vitamin B_6
- Zink

PILZE – reich an Spurenelementen

Austernpilze, Champignons, Morcheln, Pfifferlinge, Shitake, Steinpilze, Trüffel, Kräuterseitlinge, Mairitterlinge

Während gezüchtete Pilze wie Champignons oder Austernpilze das ganze Jahr über zu bekommen sind, sind Kräuterseitlinge oder Mairitterlinge nur kurze Zeit im Frühling, frische Steinpilze oder Trüffel im Herbst erhältlich. Besonders diese natürlich wachsenden Pilze gelten als Delikatesse und liefern wertvolle Mineralien.

Wirkungsweise
- stärken das Immunsystem
- liefern wertvolle Eiweißstoffe
- mindern das Krebsrisiko

Hauptwirkstoffe
- Aminosäuren
- Vitamin B_3, B_5
- Jod
- Mangan
- Kalium
- Selen
- Zink

RETTICH UND RADIESCHEN – sommerlicher Gesundheitssnack

Beide sind potente Bakterienjäger, robust und überlebensfähig. Die ätherischen Senföle, die sie enthalten, sind die beste Verteidigung gegen Feinde des Körpers wie Pilze und andere Krankheitserreger.

Wirkungsweise
- unterstützen eine gesunde Darmflora
- desinfizieren die Schleimhäute
- helfen bei Verdauungsbeschwerden
- stärken die Immunabwehr
- senken Blutfettwerte
- wirken schleimlösend

Hauptwirkstoffe
- Folsäure
- Vitamin C
- Selen
- ätherische Öle

ROTE BEETE – Jungbrunnen

Sie ist der Glücklichmacher aus dem Garten, ein Jungbrunnen für den Organismus und ein Geheimtipp für die Schönheit. Einzigartig ist die Kombination aus Silizium und anderen Nährstoffen, die seine Aufnahme in den Körper erst ermöglichen. Silizium stärkt die Knochen und entgiftet unser Gehirn von Schwermetallen.

Wirkungsweise
- entgiftet und bindet Schwermetalle
- bringt Glanz in Haut, Haare und Nägel
- sorgt für positive Stimmung
- wirkt zellregenerierend
- aktiviert die Produktion roter Blutkörperchen
- stärkt die Knochen

Hauptwirkstoffe
- Silizium
- Folsäure
- Kalium
- Mangan

SELLERIE – Vitamin-B-Paket

Verantwortlich für Wirkung und Geschmack sind ätherische Öle, die so genannten Terpene, die die Sellerieknolle zum Volksheilmittel machen. Sie töten Pilze und Bakterien und befreien so vor Infektionen. Der hohe Vitamin-B-Anteil ist reine Nervennahrung.

Wirkungsweise

- kräftigt Nerven und Gehirn
- wirkt antibakteriell und pilztötend
- desinfiziert Schleimhäute
- hilft bei Harnwegsinfekten
- wirkt schleimlösend

Hauptwirkstoffe

- Vitamin-B-Komplex
- Terpene

SOJA – hormonhaltiger Eiweißlieferant

Als Milch, Bohne, Mehl oder Tofu unverzichtbar als Grundlage für den vegetarischen Fleischersatz. Durch den hohen Gehalt an östrogenähnlichen Stoffen sind den Asiatinnen, die täglich Sojaprodukte konsumieren, Wechseljahrsbeschwerden fremd.

Wirkungsweise

- forciert den Zellstoffwechsel
- fördert den Muskelaufbau
- vertreibt Müdigkeit und Stress
- nimmt Angst und Nervosität
- unterstützt die Hormonproduktion
- hilft bei Wechseljahrsbeschwerden

Hauptwirkstoffe

- Aminosäuren
- Lezithin
- Vitamin E
- Kalium
- Phytoestron

SPARGEL – Frühlingsbote

Spargel ist ein unvergleichbares Gemüse, das im Frühling sehnsüchtig erwartet wird, wie die ersten Erdbeeren. Spargel zählt zu den besten Verjüngungsmitteln, die die Natur zu bieten hat. Allein der Folsäureschub kann noch nach einer Woche belebend wirken.

Wirkungsweise

- entwässert und entsäuert
- stärkt das Immunsystem
- hilft bei Konzentrationsschwäche
- wirkt verjüngend auf die Zellen
- stärkt die Nerven
- unterstützt die Sehkraft

Hauptwirkstoffe

- Folsäure
- Beta-Carotin
- Vitamin B1, B2, B3, B6
- Vitamin C
- Kalium
- Zink

SPINAT – Muntermacher

Das Blattgrün stammt von dem Pflanzenfarbstoff Chlorophyll mit seinem Kern aus Magnesium. Die Sonnenenergie verwandelt dieses Blattgrün in gesunde Kohlenhydrate und belebt damit unseren gesamten Stoffwechsel.

Wirkungsweise

- aktiviert den Stoffwechsel
- hebt den Blutzuckerspiegel und macht Müde munter
- unterstützt Herz- und Muskelfunktionen
- stärkt Knochen und Zähne
- schützt die Schleimhäute

Hauptwirkstoffe

- Beta-Carotin
- Kalzium
- Magnesium
- Vitamin B, C, E
- Eisen

TOMATE – Zellschützer

Neben vielen anderen Vitaminen und Spurenelementen enthalten Tomaten die zellschützenden Lykopene, die auch vor Krebserkrankungen schützen. Um an sie heranzukommen, die Frucht kurz mit etwas Öl erhitzen, damit sie freigesetzt werden.

Wirkungsweise

- stärkt die Zellstruktur
- schützt vor Krebs
- kräftigt das Herz
- beugt Infektionen vor
- belebt Gehirn und Nerven
- fördert einen gesunden Schlaf
- hebt die Stimmung
- verjüngt die Zellen

Hauptwirkstoffe

- Lykopene
- Beta-Carotin
- Vitamin B, C
- Kalium
- Zink
- Selen

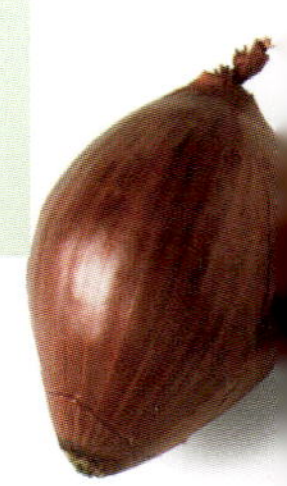

ZUCCHINI – Darmregulator

Ebenso wie ihr großer Verwandter, der Kürbis, ist besonders die Zucchini-Schale reich an Beta-Carotin und Magnesium. Der große Muntermacher und Freund von Darm und Zellen.

Wirkungsweise

- entgiftet und entsäuert
- kräftigt die Schleimhäute
- aktiviert den Zellstoffwechsel
- erhöht die Konzentration und Gehirnleistung
- kräftigt Herz und Muskeln

Hauptwirkstoffe

- Beta-Carotin
- Magnesium
- Vitamin E
- Vitamin B1

ZWIEBEL – natürliches Antibiotikum

Die Tränen beim Schneiden der Zwiebel sind Zeugen ihrer Wirksamkeit. Verantwortlich dafür ist Allizin, das antibakterielle und antimykotische Wirkung hat und noch bis zu den ableitenden Harnwegen heilend wirkt. Bestimmte Bioflavonoide senken darüber hinaus den Blutdruck und erhöhte Blutfettspiegel.

Wirkungsweise

- beugt Infektionen vor
- senkt Bluthochdruck und Blutfettwerte
- lindert Venenleiden und Gefäßkrankheiten
- stimuliert die Libido
- hilft bei Durchblutungsstörungen
- desinfiziert Nasen-, Mund- und Rachenraum

Hauptwirkstoffe

- Allizin
- Bioflavonoide
- Vitamin C
- Folsäure
- Eisen
- Zink

KRÄUTER

Sie duften köstlich, geben jedem Gericht erst den richtigen Pfiff und besitzen über Tausende von Jahren überlieferte Heilwirkungen. Mit ihren ätherischen Ölen und Bitterstoffen unterstützen sie uns ganz besonders bei schwer verdaulicher Kost. Um ihre Wirkung und den feinen Geschmack nicht zu zerstören, sollten sie immer nur frisch und ganz zum Schluss auf die Speisen gegeben werden.

Wirkungsweise

- Basilikum – fördert die Verdauung
- Bohnenkraut – hilft bei Blähungen
- Dill – wirkt entkrampfend
- Estragon – regt Appetit an
- Kerbel – reinigt das Blut
- Lorbeer – wirkt krampflösend
- Majoran – wirkt antibakteriell
- Minze – beruhigt die Nerven
- Oregano – befreit von Bakterien
- Petersilie – entwässert
- Rosmarin – hilft bei der Fettverdauung
- Salbei – wirkt entzündungshemmend
- Sauerampfer – schützt vor Infektionen
- Schnittlauch – wirkt antibakteriell
- Thymian – hemmt Entzündungen
- Zitronenmelisse – beruhigt die Nerven

Hauptwirkstoffe

- ätherische Öle
- Bitterstoffe

Obst

ANANAS – Entzündungshemmer

Eine Sonnenfrucht, die praktisch alle Vitamine, Mineralstoffe und Spurenelemente enthält. Ihre Spezialität ist der extrem hohe Bromelain-Gehalt, ein eiweißspaltendes Enzym, das Entzündungen hemmt, Nahrungseiweiß aufspaltet und antibakteriell wirkt.

Wirkungsweise

- wirkt entzündungshemmend
- hilft bei Darmstörungen
- lässt Altersflecken verschwinden
- verbessert die Durchblutung
- hebt den Eiweißstatus

Hauptwirkstoffe

- Bromelain
- Vitamine
- Mineralstoffe
- Spurenelemente

APFEL – natürlicher Hausarzt

„One apple a day keeps the doctor away". Dieses englische Sprichwort sagt alles. Reich an Vitaminen und Spurenelementen liegt der besondere Wert des Apfels an seinem hohen Pektingehalt und den antioxidativ wirkenden Bioflavonoiden.

Wirkungsweise

- senkt Blutdruck und Blutfettwerte
- entgiftet und bindet Schwermetalle
- kräftigt das Immunsystem
- reinigt den Darm
- kräftigt das Zahnfleisch
- regt den Stoffwechsel an

Hauptwirkstoffe

- Pektine
- Bioflavonoide
- Vitamin C
- Kalium

APRIKOSE – Jungbrunnen

Der Volksstamm der Hunzas ist für sein langes und gesundes Leben bekannt. Dies wird auch auf seinen hohen Aprikosenkonsum zurückgeführt. Aprikosen sind reich an Beta-Carotin, der Vorstufe von Vitamin A, das für den Verjüngungseffekt verantwortlich ist.

Wirkungsweise

- stoppt den Alterungsprozess
- schützt die Schleimhäute
- kräftigt Haut und Haare
- verbessert die Stimmungslage
- mindert das Krebsrisiko

Hauptwirkstoffe

- Beta-Carotin
- Folsäure
- Vitamin B3, B5
- Vitamin C

AVOCADO – Muntermacher

Hochwertige ungesättigte Fettsäuren, wertvolles Eiweiß und eine spezielle Kohlenhydratart – die Mannoheptulase –, die den Blutzuckerspiegel nicht anhebt, sondern senkt und dabei besonders Nerven und Gehirnzellen versorgt, machen diese Steinfrucht zu einem ganz besonderen Lebensmittel.

Wirkungsweise

- senkt gleichzeitig Blutzucker- und Insulinspiegel
- senkt den schlechten LDL-Cholesterinspiegel
- steigert die Konzentrationsfähigkeit
- unterstützt die Produktion roter Blutkörperchen

Hauptwirkstoffe

- essentielle Fettsäuren
- Lezithin
- Aminosäuren
- Vitamin B6
- Mannoheptulase
- Kupfer

BANANE – Energie für zwischendurch

Der kohlenhydratreiche Sattmacher mit hohem Kaliumgehalt ist eine ideale Zwischenmahlzeit für hungrige Kinder, gestresste Manager und ausgepowerte Sportler.

Wirkungsweise

- bringt kurzfristig Leistungsschub
- senkt den Cholesterinspiegel
- wirkt beruhigend
- senkt Bluthochdruck
- schützt das Herz

Hauptwirkstoffe

- Kohlenhydrate
- Kalium
- Vitamin A, B, C
- Jod

BIRNE – Trinkersatz

Eine Alternative für trinkfaule Menschen! Durch den hohen Wasseranteil gelangen zudem die darin gelösten Nährstoffe rasch zur Verwertung und beleben den Körper auf natürliche Weise.

Wirkungsweise

- entschlackt den Darm
- wirkt blutbildend und wachstumsfördernd
- entgiftet und bindet Schwermetalle
- regelt den Wasserhaushalt

Hauptwirkstoffe

- Folsäure
- Kalium
- Vitamin C

BROMBEEREN – Gefäßschutz

Vor allem die wild wachsenden Beeren besitzen einen hohen Anteil an Vitamin C, Beta-Carotin und Bioflavonoiden, die dem Alterungsprozess vorbeugen und die Gefäße schützen. Die Blätter der Brombeere enthalten ätherische Öle, die entzündungshemmend auf Schleimhäute wirken.

Wirkungsweise

- beugen Alterungsprozess vor
- schützen Gefäßwände
- kräftigen das Immunsystem
- wirken entzündungshemmend auf die Schleimhäute
- helfen gegen Stress und Nervosität
- Brombeerblättertee als Heilmittel bei Husten und Heiserkeit

Hauptwirkstoffe

- Vitamin C
- Beta-Carotin
- kupferhaltige Enzyme

ERDBEEREN – Frühjahrskur

Sehnsüchtig werden sie im Frühjahr erwartet, sind sie doch das erste frische Obst nach der langen Winterzeit. Ihr hoher Wassergehalt (90 %) in Verbindung mit bestimmten Katechinen macht sie zu einer hervorragenden Entgiftungskur nach den Wintermonaten.

Wirkungsweise

- entgiften und binden Schwermetalle
- aktivieren den Stoffwechsel
- wirken blutbildend und fördern das Zellwachstum

Hauptwirkstoffe

- Mangan
- Katechine
- Vitamin C
- Kalium

FEIGE – gesunde Antwort auf Pralinen

Gehirnnahrung und ein idealer Hungerstiller für zwischendurch. Zu den wirksamsten Inhaltsstoffen zählen verdauungsfördernde Enzyme und bakterientötende Substanzen. Ihre Zuckeranteile beleben Nerven und Gehirn.

Wirkungsweise

- reguliert die Verdauung
- stärkt Konzentrationsfähigkeit
- verbessert die Stimmungslage
- beruhigt die Nerven

Hauptwirkstoffe

- Kohlenhydrate
- Aminosäuren
- verdauungsfördernde Enzyme
- Vitamin-Mix
- Mineralstoff-Mix

HEIDELBEEREN – Stress-Helfer

Die Beeren sind besonders reich an Beta-Carotin, die uns vor freien Radikalen schützen, und Vitamin C. Eine Besonderheit ist der Gerbstoff Tannin, der schleimhautbildend wirkt und Bakterien abtötet.

Wirkungsweise

- schützen vor Stress
- senken Blutfettwerte
- wirken entwässernd
- kräftigen das Immunsystem
- schützen die Körperzellen vor freien Radikalen
- förderen die Schleimhautbildung
- helfen bei Durchfall und Darmproblemen

Hauptwirkstoffe

- Beta-Carotin
- Vitamin C
- Tannin
- Bioflavonoide

HIMBEEREN – Schönheitsmittel

Sie schmecken, wie Brombeeren und Erdbeeren, am besten frisch vom Strauch gepflückt. Himbeeren sind besonders reich an Beta-Carotin, der Vorstufe des Vitamin A, und Biotin, das Schönheitsvitamin, das besonders gut auf Haut, Haare und Nägel wirkt.

Wirkungsweise

- helfen bei Augenleiden, Sehschwäche und Nachtblindheit
- stoppen Nasen- und Zahnfleischbluten
- mildern Menstruationsbeschwerden
- unterstützen die Zellregeneration von Haut, Haaren und Nägeln

Hauptwirkstoffe

- Biotin
- Beta-Carotin
- Vitamin C

JOHANNISBEEREN – Multivitaminpille

Es gibt rote, weiße und schwarze Johannisbeeren, sie sind sauer und deshalb nicht jedermanns Sache. Die Säure kommt vom hoch konzentrierten Vitamin C. Daneben enthalten Johannisbeeren aber auch noch eine Menge B-Vitamine und vor allem Kalzium, das gut für Knochen und Zähne ist.

Wirkungsweise

- aktivieren den Zellstoffwechsel
- bremsen den Alterungsprozess
- schützen die Schleimhäute
- stärken das Immunsystem
- beruhigen die Nerven
- verbessern die Stimmung
- unterstützen Herz- und Muskeltätigkeit
- stärken Knochen und Zähne

Hauptwirkstoffe

- Vitamin C
- Beta-Carotin
- Vitamin B3, B5
- Kalzium

MANGO – Nervenberuhiger

Mangobäume mögen es heiß und feucht. Die sonnenverwöhnte Frucht enthält viel Beta-Carotin, das den Stoffwechsel ankurbelt und vor freien Radikalen schützt. Eine große Portion unterschiedlicher B-Vitamine macht die Mango zu einer nervenberuhigenden Schlummermahlzeit.

Wirkungsweise

- beugt Infektionen vor
- wirkt stimulierend auf Zellregeneration
- beruhigt die Nerven und baut Stress ab
- aktiviert Hormone für Libido und Orgasmusfähigkeit
- hilft bei Sehschwäche und Nachtblindheit

Hauptwirkstoffe

- Beta-Carotin
- Vitamin B3, B5, B6
- Vitamin C, E
- Kupfer
- Magnesium
- Mangan
- Kalium
- Zink

KIRSCHEN – Entzündungsmittel

Sie sind eine Liebesgabe der Natur, nur kurze Zeit erhältlich und bei Jung und Alt beliebt. Kirschen schmecken aber nicht nur köstlich, sondern enthalten viele Vitamine, Mineralien und Antioxidanzien. Ihre Spezialität: Sie sind in der Lage, den Harnsäurespiegel zu senken und so Gicht vorzubeugen.

Wirkungsweise

- senken Harnsäurespiegel
- wirken entzündungshemmend
- helfen bei Parodontose
- lindern rheumatische Erkrankungen
- wirken verjüngend
- machen eine schöne Haut

Hauptwirkstoffe

- Vitamin C
- Biotin
- Zink
- Bioflavonoide
- Folsäure
- Kalzium
- Kalium

MELONE – durstlöschender Jungbrunnen

Sie ist nicht nur ein hervorragender Durstlöscher, sondern dank der hohen Beta-Carotin-Konzentration ein wahres Verjüngungsmittel. Ob Honig-, Netz- oder Wassermelone – sie sind der ideale Sommersnack für zwischendurch.

Wirkungsweise

- verjüngt und vitalisiert
- verschönt Haut und Haare
- stärkt die Blutbildung
- kurbelt die Zellatmung an
- schützt die Schleimhäute des Körpers

Hauptwirkstoffe

- Beta-Carotin
- Vitamin B3, B6
- Vitamin C
- Folsäure

KIWI – Stresskiller

Außen stachelig, innen grün und früher der Exportschlager Neuseelands, wird heute die Kiwi auf der ganzen Welt angebaut. Ihr hoher Vitamin-C-Gehalt, in Verbindung mit Magnesium, macht sie zu einer wunderbaren Zwischenmahlzeit für stressgeplagte Menschen.

Wirkungsweise

- schützt vor Stress
- kräftigt das Immunsystem
- beschleunigt den Stoffwechsel
- regt die Hormonproduktion an
- hilft bei Zahnfleischbluten und Parodontose
- stimuliert die Herz- und Muskeltätigkeit
- festigt Bindegewebe und Venen

Hauptwirkstoffe

- Vitamin C
- Magnesium

PAPAYA – Eiweißspalter

Wie die Ananas enthält auch die Papaya ein eiweißspaltendes Enzym, das Papain. Dadurch kann Nahrungseiweiß in seine kleinsten Bausteine, die Aminosäuren, aufgespaltet werden. Nur so sind sie für den Körper auch verwertbar zum Aufbau neuer Zellen.

Wirkungsweise

- beseitigt Eiweißmangelerscheinungen
- kräftigt Herz und Kreislauf
- aktiviert die Muskelbildung
- fördert die Hormonbildung

Hauptwirkstoffe

- Papain
- Beta-Carotin
- Vitamin B5
- Vitamin C

PFIRSICH – Stimmungsmacher

Die samtige Frucht mit ihrem hohen Vitamin-B3-Gehalt kann in kurzer Zeit die Stimmungslage heben. Ihre gelb-orangerote Farbe deutet auf viel Beta-Carotin hin. Dieser Stoff schützt die Pflanze vor Insekten, Pilzen und Bakterien. Gelangt dieser in den menschlichen Zellstoffwechsel, verrichtet er unbeirrt dort seine gewohnten Zellschutzaufgaben weiter.

Wirkungsweise

- beruhigt die Nerven
- wehrt freie Radikale ab
- kräftigt das Immunsystem
- stärkt Herz und Kreislauf
- macht stark gegen Stress

Hauptwirkstoffe

- Beta-Carotin
- Vitamin B3
- Magnesium
- Selen
- Zink

PFLAUME – Beruhigendes Abführmittel

Bei den einzelnen Vitaminen hat die Pflaume keine Rekorde zu vermelden, aber die Gesamtheit macht es. Sie enthält praktisch alle B-Vitamine, die gut für Nerven und geistige Belastung sind. Gleichzeitig werden Pflaumen als natürliche Verdauungshilfe geschätzt.

Wirkungsweise

- hilft bei nervöser Unruhe
- baut Stress ab
- reinigt den Darm
- hilft bei Verstopfung

Hauptwirkstoffe

- Vitamin-B-Komplex
- Kupfer
- Eisen
- Zink

WEINTRAUBEN – Entgiftende Verdauungshilfe

Sie sind die ideale Herbstdiät. Die ballaststoffreichen Schalen beseitigen Darmträgheit und wirken gleichzeitig entgiftend, entsäuernd und entwässernd. Der hohe Anteil an B-Vitaminen ist reinste Nervennahrung.

Wirkungsweise

- beseitigen Darmträgheit und Verstopfung
- helfen bei Müdigkeit, Nervosität und Depressionen
- aktivieren den Kohlenhydratstoffwechsel
- reinigen die Niere, Blase und die Harnwege

Hauptwirkstoffe

- Vitamin-B-Komplex
- Folsäure
- Vitamin C
- Magnesium
- Kalium
- Jod

ZITRUSFRÜCHTE – Vitamin-C-Bombe

Ob Orange, Zitrone oder Grapefruit, alle haben eines gemeinsam: sie strotzen vor Vitamin C, dem Stoff, der beschädigte Zellen heilt, die Wundheilung unterstützt und das Immunsystem stärkt. Dies macht sie besonders in den Wintermonaten für uns so unersetzlich.

Wirkungsweise

- kräftigen das Immunsystem
- bremsen den Alterungsprozess
- fördern das Zellwachstum
- unterstützen die Wundheilung
- stoppen Zahnfleischbluten

Hauptwirkstoffe

- Vitamin C
- Folsäure
- Kalzium
- Selen
- Bioflavonoide

Nüsse, Öle

NÜSSE, SAMEN und KERNE – Kalziumspender

Haselnüsse, Mandeln, Walnüsse, Pinienkerne, Pistazien, Sesam, Makadamianüsse, Kürbiskerne …

Lust auf Süßes? Dann greifen Sie doch statt zu Schokoriegel oder Pralinen lieber einmal zu Nüssen oder Kernen. Sie bringen verbrauchte Energie schnell zurück und sind gleichzeitig eine unserer wichtigsten Kalziumlieferanten.

Wirkungsweise

- liefern kurzfristig Energie
- senken Blutfettwerte
- vermindern das Herzinfarktrisiko
- hemmen Entzündungen
- stärken Knochen und Zähne
- wirken positiv auf die Psyche

Hauptwirkstoffe

- ungesättigte Fettsäuren
- Kalzium
- Selen
- Vitamin B, C, E
- Eisen
- Mangan

ÖLE – Arterienreiniger

Olivenöl, Sonnenblumenöl, Walnussöl, Haselnussöl, Sesamöl, Maisöl, Kürbiskernöl …

Sie sind unsere bedeutsamsten Lieferanten für ungesättigte Fettsäuren und Vitamin E, einem der wichtigsten Radikalenfänger und Entzündungshemmer. Verwenden Sie nur kaltgepresste Öle, da ansonsten die wertvollen Biostoffe zerstört werden und auch ihr feines Aroma verloren geht. Untersuchungen haben gezeigt, dass raffinierte Öle keine Lichtspeicherfähigkeit mehr besitzen und somit ihren Informationsgehalt eingebüßt haben.

Wirkungsweise

- wirken Arteriosklerose entgegen
- senken den Blutfettspiegel
- wirken entzündungshemmend
- unterstützen die Wundheilung
- regenerieren die Haut

Hauptwirkstoffe

- essentielle Fettsäuren
- Vitamin E
- Linolensäure

Tierische

FLEISCH und FISCH – Eiweißlieferant

Beide sind prinzipiell gute Lichtspeicher, vorausgesetzt die Tiere werden natürlich gefüttert und artgerecht aufgezogen. Fisch und Fleisch zählen zu den wichtigsten Eiweiß- und Vitamin–B12-Lieferanten des Menschen.

Diese wichtigen Eiweißbausteine sind aber von uns nur verwertbar, wenn sie als Einzelbausteine (Aminosäuren) vorliegen. Je artfremder die Tiere zum Menschen sind, desto leichter ist das Eiweiß für uns verdaulich, das heißt in die einzelnen Aminosäuren aufspaltbar, und desto besser kann unser Körper diese Eiweißbausteine zum Aufbau neuer Strukturen nutzen.

Eiweißketten hingegen sind für unseren Organismus nicht verwertbar und belasten ihn zusätzlich. Dies bedeutet, dass Eiweiß von Fisch und Schalentieren von unserem Organismus am besten – weil am artfremdesten zu uns Menschen – aufgespaltet und dadurch verwertet werden kann, gefolgt von Geflügeleiweiß. Fleisch von Säugetieren, denen der Mensch gattungsmäßig angehört, ist für uns am schlechtesten verdaulich, wobei Schweinefleisch das Schlusslicht darstellt, da es der Eiweißstruktur des menschlichen Körpers am ähnlichsten ist.

Im Hinblick auf BSE, hormon- und antibiotikaverseuchtes Fleisch sollte dies ausschließlich bei Biobauern gekauft werden. Adressen hierzu finden Sie im Anhang. Fleisch von frei lebenden Tieren wie Wild, Fasane, aber auch Galloway-Rindern sollte immer der Vorzug gegeben werden.

Wirkungsweise

- fördert den Muskelaufbau
- aktiviert Libido und Potenz
- hebt die Stimmung
- bildet rote Blutkörperchen
- unterstützt die Bildung von Nervenfasern
- fördert das Wachstum

Hauptwirkstoffe

- Aminosäuren
- Vitamin B12
- Vitamin-B-Komplex
- Vitamin A, D
- Zink, Selen, Eisen
- Linolensäure (Fisch)
- Jod (Meerestiere)

EIER – Potenzmittel

Die artgerechte Haltung der Hühner ist auch für die Qualität der Eier entscheidend. Untersuchungen mit Freilandeiern und Legebatterieeiern haben gravierende Unterschiede aufgezeigt. Das Eiweiß der Eier ist ähnlich wie Geflügelfleisch für den menschlichen Organismus gut verwertbar. Das Eigelb enthält hoch dosiert Vitamine und wertvolle Spurenelemente.

Wirkungsweise

- unterstützen Muskelaufbau
- fördern die Potenz
- wirken beruhigend
- forcieren Zellstoffwechsel

Hauptwirkstoffe

- Aminosäuren
- Vitamin-B-Komplex
- Vitamin A, D, E
- Kalzium
- Jod, Selen, Zink, Chrom
- Biotin

MILCHPRODUKTE – Beruhigungsmittel

Im Prinzip ist Milch ein hervorragender Licht- uns Informationsspeicher, vorausgesetzt sie ist frisch und unbehandelt. An eine derartige Milch heranzukommen dürfte allerdings schwierig sein, denn nach dem deutschen Lebensmittelgesetz muss Milch pasteurisiert werden, bevor sie in den Handel gelangt, und damit ist auch ihr Informationsgehalt zerstört. Abgesehen davon wird nichts so überschätzt wie der Nährwert der Kuhmilch für uns Menschen.

Sicher ist sie ein hervorragendes Lebensmittel, enthält sie doch alles, was das junge Kalb zum schnellen Gedeihen braucht – aber eben nur für das Kalb. Unser Verdauungsapparat ist nur begrenzt in der Lage, die Eiweißmoleküle der Milch aufzuspalten, um zum Beispiel an das darin eingeschlossene Kalzium heranzukommen, das ohne Zweifel in großen Mengen enthalten ist. Nur leider ist es in Eiweißketten eingeschlossen, die wir nur schwer spalten können, und deshalb steht uns auch dieses Kalzium nur zu einem geringen Teil zur Verfügung.

Milchsauervergorene Produkte wie Joghurt, Quark oder Käse sind für unseren Organismus besser verdaulich, da ihm durch die Vorbehandlung eine Verdauungsstufe abgenommen wurde.

Alles in allem haben Kuhmilch und andere Tiermilchprodukte in der gesunden Ernährung nicht den Stellenwert, der ihnen heute noch zugeschrieben wird. Als Genussmittel haben sie jedoch ihre Berechtigung, sind sie doch für manche Speisen unersetzliche Zutat.

Wirkungsweise

- beruhigt die Nerven
- fördert den Schlaf
- baut Stress ab
- kräftigt das Immunsystem
- fördert den Zellaufbau

Hauptwirkstoffe

- Vitamin A, B, C, D, E
- Vitamin B12
- Folsäure
- Kalzium
- Selen
- Zink

Wirkstoffe der Lebensmittel

Wirkstoff	Wirkung	Vorkommen
Allizin	Schwefelhaltige Verbindung mit antibakteriellen und antimykotischen (pilztötenden) Eigenschaften. Senkt Cholesterin und andere Blutfette und wirkt der Blutverklumpung entgegen.	Lauch, Knoblauch, Schnittlauch, Zwiebel
Aminosäuren	Eiweißbausteine für den körpereigenen Aufbau von Zellen, Enzymen und anderen lebensnotwendigen Verbindungen.	Bohnen, Erbsen, Linsen, Soja, Avocado, Pilze, Fisch, Fleisch, Eier, Fenchel
Ätherische Öle	Haben antibakterielle und antimykotische Wirkung, unterstützen die Verdauung.	Brunnenkresse, Rettich, Radieschen, Kräuter
Beta-Carotin	Sorgt für die orangerote Farbe von Obst und Gemüse. Der Körper kann daraus Vitamin A bilden. Dieses schützt vor freien Radikalen, Herzmuskelerkrankungen und Krebs. Es wirkt regenerierend auf Schleimhäute und Augen.	Blumenkohl, Brokkoli, Mangold, Karotte, Kürbis, Zucchini, Kohl, Spinat, Lauch, Paprika, Aprikose, Melone, Beeren, Mango, Papaya, Pfirsich
Bioflavonoide	Schützen die Zelle vor Oxidation und somit vor Alterung. Sie fördern die Aufnahme von Vitamin C, stärken das Kapillarsystem und schützen die Gefäße vor Ablagerungen. Antibakterielle und antivirale Wirkung.	Apfel, Heidelbeeren, Zitrusfrüchte, Kirschen, Zwiebel
Biotin	Vitamin H, das Schönheitsvitamin für Haut, Nägel und Haare.	Kohl, Kirschen, Mais, Eier, Himbeeren
Bitterstoffe	Regen die Verdauung an, indem sie die Ausschüttung von Fermenten, insbesondere der Bauchspeicheldrüse, fördern.	Chicorée, Rucula, Radicchio, Löwenzahn, Kräuter, Brunnenkresse
Bromelain	Eiweißspaltendes Enzym, das entzündungshemmend wirkt.	Ananas
Capsaicin	Antioxidans, das bakterientötend und entzündungshemmend wirkt. Gleichzeitig verhindert es die Blutgerinnung und hält das Blut fließfähig.	Paprika, Chili
Cynarin	Bitterstoff, der den Gallenabfluss der Leber anregt. Cholesterinsenkend und vorbeugend gegen Gallensteinbildung.	Artischocke
Eisen	Mineralstoff, notwendig zur Bildung der roten Blutkörperchen, die die Zellen mit Sauerstoff versorgen.	Bohnen, Linsen, Spinat Pflaume, Nüsse, Blattsalate, Brokkoli, Zwiebel, Kürbis, Lauch
Erepsin	Eiweißspaltendes Enzym, das schädliche Bakterien und Würmer im Darm abtötet.	Gurke

Wirkstoff	Wirkung	Vorkommen
Fettsäuren essentielle, ungesättigte	Spielen eine wichtige Rolle bei der Bildung der Zellmembran. Sie sind beim Aufbau von Hormonen beteiligt, die gegen Entzündungen, Schwellungen, Schmerzen und Juckreiz wirken. Sie regulieren den Fettstoffwechsel.	Öle, Soja, Avocado, Nüsse, Fisch, Oliven, Mais
Folsäure	Ist für die Zellbildung und Produktion roter Blutkörperchen mitverantwortlich. Fördert die Durchblutung des Gewebes und hilft bei der Produktion von Antikörpern zur Abwehr von Infektionen.	Artischocke, Blumenkohl, Brokkoli, Kohl, Rettich, Radieschen, Spargel, Weintrauben, Aprikose, Zitrusfrüchte, Melone, Mais, Birne, Milchprodukte
Jod	Spurenelement, das für die Produktion von Schilddrüsenhormonen notwendig ist. Wichtig für körperliche und geistige Entwicklung.	Eier, Meerestiere, Pilze, Trauben, Banane, Meersalz
Kalium	Reguliert die Körperflüssigkeit und überträgt Nervenimpulse. Wichtiger Stoff für das Herz. Gegenspieler zu Natrium. Fördert die Ausscheidung von Wasser.	Blumenkohl, Kohl, Artischocke, Sellerie, Pilze, Kartoffel, Kürbis, Apfel, Banane, Erdbeeren, Birne
Kalzium	Wichtiger Mineralstoff zum Aufbau von Knochen und Zähnen. Kalzium reguliert den Herzschlag, stärkt die Muskulatur und hat eine bedeutende Rolle beim Zellstoffwechsel und der Nervenimpulsübertragung.	Blumenkohl, Bohnen, Kartoffel, Nüsse, Brunnenkresse, Kohl, Mangold, Spinat, Johannisbeeren, Kirschen, Eier, Milchprodukte
Katechine	Gerbstoff, der entzündungshemmend und antibakteriell wirkt und Schwermetalle im Darm bindet.	Erdbeeren
Kohlenhydrate	Zuckerbausteine, die Nahrung für Nerven und Gehirn. Sie machen munter und vertreiben Konzentrationsmangel.	Mais, Kartoffel, Banane, Feige
Kupfer	Spurenelement, das für Knochenwachstum wichtig ist. Es hilft bei der Eisenaufnahme und ist Bestandteil vieler Enzyme, die vor freien Radikalen schützen.	Mango, Pflaume, Avocado, Brombeeren
Lezithin	Essentielle Fettsäure und Nahrung für die Nerven.	Avocado, Soja
Linolensäure	Essentielle Fettsäure, wirkt entzündungshemmend, senkt Bluthochdruck und Blutfettspiegel.	Öle, Fisch
Lykopene	Eine bestimmte Art von Carotenen, die die ölig-feuchte Schutzmembran der Körperzellen, aber auch anderer Zellbestandteile wie Mitochondrien, die Kraftwerke unserer Zellen, schützt. Wirkt gegen Krebs.	Tomate

und ihre Vorkommen

Wirkstoff	Wirkung	Vorkommen
Magnesium	Wichtiger Mineralstoff für Knochenbau, Zahnbildung und Muskulatur. Beruhigt Nerven und Herz.	Brokkoli, Kohl, Bohnen, Erbsen, Kürbis, Nüsse, Blattsalate, Spinat, Mangold, Kiwi, Zucchini, Mango, Pfirsich, Weintrauben
Mangan	Spurenelement, wichtig für Knochen- und Blutbildung, Nerven und Gehirn. Regt die Produktion von Schilddrüsenhormonen an. Versorgt Haut und Haare mit Farbpigmenten.	Erdbeere, Pilze, Mais, Nüsse, Mango, Rote Beete, Blattsalate
Manno-heptulase	Spezielle Zuckerart, die sowohl den Insulinspiegel als auch den Blutzuckerspiegel senkt. Ideal für Übergewichtige.	Avocado
Papain	Eiweißspaltendes Enzym, hilft bei der Eiweißverdauung.	Papaya
Pektin	Verdauungsförderndes Ferment, das den Blutfettspiegel und Blutdruck senkt und Schwermetalle bindet. Senkt das Dickdarmkrebsrisiko.	Apfel
Phytoestron	Östrogenähnlicher pflanzlicher Wirkstoff, senkt Wechseljahrsbeschwerden und Brustkrebsrisiko.	Soja
Selen	Spurenelement, das antioxidativ wirkt und so vor Alterungsprozessen und Krebs schützt. Wichtig für Wachstum, Immunsystem, Fruchtbarkeit, Schilddrüse, Haut und Haare.	Pilze, Karotte, Tomate, Eier, Nüsse, Kartoffel, Meerestiere, Mais, Rettich, Radieschen
Silizium	Unterstützt Knochenaufbau, stärkt das Bindegewebe und sorgt für schöne Haut.	Gurke, Rote Beete
Tannin	Gerbstoff, der die Schleimhautbildung unterstützt, Entzündungen hemmt und Bakterien abtötet.	Heidelbeeren
Terpene	Antibakteriell und antimykotisch wirksames ätherisches Öl, das Schleimhäute desinfiziert und Entzündungen entgegenwirkt.	Sellerie
Vitamin A (Retinol)	Wichtiges Antioxidans, verbessert die Sehkraft, schützt vor Erkältungen und fördert den Aufbau von Haut und Schleimhäuten. Kann aus dem Beta-Carotin der Pflanzen gebildet werden.	Fleisch, Fisch, Eier, (Pflanzen siehe Beta-Carotin)
Vitamin B1 (Thiamin)	Schützt die Nerven vor Entzündungen, fördert die Konzentration und wirkt Depressionen und Nervosität entgegen. Schützt das Herz vor Belastungen. Wichtig für den Kohlenhydratstoffwechsel.	Lauch, Mais, Kohl, Zucchini, Erbsen, Brunnenkresse, Spargel
Vitamin B2 (Riboflavin)	Wichtig für Eiweiß-, Zucker- und Fettstoffwechsel. Fördert die Sehkraft. Ist beim Aufbau des Blutfarbstoffes und der Regeneration der Schleimhäute beteiligt. Unterstützt die Sehfunktionen und steuert das gesunde psychische Verhalten.	Kohl, Spargel, Brunnenkresse, Leber, Keimlinge
Vitamin B3 (Niacin)	Beruhigt die Nerven und fördert das Konzentrationsvermögen. Schützt die Haut gegen UV-Strahlen und hält sie elastisch und geschmeidig. Steuert die Durchblutung und hat wichtige Funktionen beim Stoffwechsel.	Kohl, Zucchini, Mais, Kartoffel, Pilze, Sellerie, Spargel, Aprikose, Johannisbeeren, Mango, Melone, Pfirsich
Vitamin B5 (Pantothensäure)	Stärkt das Immunsystem und hilft bei der Nährstoffverwertung. Fördert die Funktionsabläufe des Nervensystems. Schützt vor Allergien und ist am Aufbau der Hormone beteiligt.	Mais, Pilze, Brunnenkresse, Kohl, Sellerie, Avocado, Aprikose, Johannisbeeren, Mango, Papaya
Vitamin B6 (Pyridoxine)	Wichtig für Nerven und Eiweißstoffwechsel. Hält die Funktion des zentralen Nervensystems aufrecht. Reguliert den Haushalt der ungesättigten Fettsäuren.	Zwiebel, Kohl, Avocado, Banane, Paprika, Spargel, Melone, Mango
Vitamin B12 (Cobalamin)	Verantwortlich für den Aufbau von Eiweiß, Ribonukleinsäuren und roten Blutkörperchen.	Fleisch, Eier, Fisch, Milchprodukte, Linsen, Bohnen, Erbsen, Sauerkraut
Vitamin C (Ascorbinsäure)	Antioxidans und wichtiger Stoff für Immunsystem, Wundheilung, Zellreparatur und Aufbau von Hormonen, Knochen und Haut. Im gesamten Stoffwechsel aktiv.	Brokkoli, Kohl, Karotte, Kiwi, Beeren, Paprika, Kirschen, Zitrusfrüchte
Vitamin D (Calciferol)	Notwendig, damit Kalzium in den Knochen eingebaut werden kann. Beste Vitamin-D-Quelle ist das Sonnenlicht.	Eier, Milchprodukte, Fischöl, Sonnenlicht
Vitamin E (Tocopherol)	Wichtiges Antioxidans, das Haut, Nerven, Muskeln und Herz schützt. Das Antiaging-Vitamin schlechthin.	Öle, Nüsse, Spargel, Oliven
Zink	Stärkt das Immunsystem, fördert die Fruchtbarkeit und die Wundheilung, unterstützt das Wachstum und das Nachtsehvermögen. Ist Bestandteil vieler wichtiger Enzyme.	Erbsen, Linsen, Kartoffel, Kirschen, Paprika, Fenchel, Bohnen, Kürbiskerne, Fleisch, Fisch, Eier, Milchprodukte, Pfirsich, Pflaume, Zwiebel, Tomate, Spargel, Pilze, Mais, Brokkoli, Artischocke

Basen bildende (+) und Säure bildende (-) Nahrungsmittel

Gemüse, Salate, Kräuter, Pilze	+/–
Grünkohl	+
Rotkohl	++
Rhabarber	++
Porreeknolle	++
Porreeblätter	+++
Bohnen	++
Steinpilze	+
Pfifferlinge	+
Champignons	+
Brunnenkresse	++
Dill	++
Schnittlauch	++
Zucchini	++
Spargel	+
Zwiebel	+
Blumenkohl	+
Wirsing	+
Erbsen	++
Spinat	+++
Sellerie	+++
Tomate	+++
Feldsalat	+
Endivie	+++
Löwenzahn	+++++
Gurke	+++++++
Kopfsalat	+++
Chicorée	++++
Rosenkohl	––
Artischocke	–

Kartoffel, Wurzelgemüse	+/–
Schwarzwurzel	+
Rettich, schwarz	++++++
Rettich, weiß	+
Kartoffel	++
Kohlrabi	+
Meerrettich	++
Karotte	++
Rote Beete	+++

Obst und Früchte	+/–
Apfel	+
Johannisbeere	++
Erdbeere	+
Birne	+
Kirsche	+
Sauerkirsche	+
Ananas	+
Dattel	+
Banane	++
Mirabelle	+
Zwetschge	+
Himbeere	+
Mango	+
Melone	+
Heidelbeere	++
Pflaume	++
Pfirsich	++
Aprikose	++
Preiselbeere	++
Brombeere	++
Traube	++
Stachelbeere	++
Orange	++
Zitrone	++
Mandarine	+++
Rosine	+++
Hagebutte	+++
Feige	++++++

Beachten Sie: Alle Dosenfrüchte sind Säure bildend aufgrund ihres hohen Zuckeranteils. Tiefgefrorenes Obst und Gemüse, das nicht weiterverarbeitet wurde, behält weitgehend die angegebenen Werte.

Milcherzeugnisse, Eier	+/–
Kuhmilch	+
Buttermilch	+
Ziegenmilch	+
Molke	+
Schafsmilch	+
Sojamilch	+
Hartkäse	––––
Joghurt	––––
Quark	––––
Sahne	+–
H-Milch	–
Hühnerei	–––––

Mehl, Teigwaren, Körnerfrüchte	+/–
Kartoffelstärke	+
Linsen	++
Weiße Bohnen	+++
Sojamehl	+++
Sojabohnen	++++
Sojasprossen	+++++
Reis, geschält	––––––
Reis, ungeschält	–––
Reisstärke	–
Roggenmehl	––––
Graupen	–––
Weizenmehl	–
Weizengrieß	––
Nudeln	–
Haferflocken	––

Brot, Kuchen, Süßigkeiten	+/–
Dinkelbrot	+–
Graubrot	–––
Weißbrot	––
Zwieback	––
Vollkornbrot	––
Knäckebrot	–
Zucker	––––––
Kuchen	––––––
Schokolade	––––––
Bonbons	––––––

Fleisch, Fisch und Wurstwaren	+/–
Lammfleisch	––
Schweinefleisch	––––––
Kalbfleisch	–––––
Rindfleisch	–––––
Meeresfisch	––––
Süßwasserfisch	–––
Putenfleisch	––
Hühnerfleisch	––
Gans und Ente	–––
Schinken	––––––
Frischwurst	––––––
Salami	––––––
Putenschinken	––

Nüsse und Samen	+/–
Erdnüsse	–––
Paranüsse	––
Walnüsse	––
Kürbiskerne	+
Sonnenblumenkerne	+
Kastanien	+–
Mandeln	+–
Haselnüsse	+–
Cashewkerne	+–
Pistazien	+–

Fette	+/–
Margarine	––
Butter	–
Olivenöl, kaltgepresst	+

Getränke	+/–
Kaffee	––––
Schwarztee	––––
Alkohol	–––––
colahaltige Getränke	–––––
Limonaden	––––––
frisch gepresste Obstsäfte	++
Gemüsesäfte	++
Mineralwasser mit Kohlensäure	––
Quellwasser ohne Kohlensäure	+–
Kräutertee	++

schwach basisch	+
stark basisch	++++++
schwach sauer	–
stark sauer	––––––
neutral	+–

Stichwortregister

Bildnachweis:

Raoul Manuel Schnell: alle Rezeptbilder, Buchumschlag (4)

Wolfgang Heisler: Buchumschlag (1), Seite 10 (1), Seite 12/13 (2), Seite 14/15, Seite 28 (1), Seite 39 (1), Seite 49 (1), Seite 78/79, Seite 89 (1), Seite 97 (1), Seite 106 (1), Seite 110/111, Seite 118 (1), Seite 131 (1), Seite 142/143, Seite 158/159 (2)

dworak & kornmesser: Seite 8/9 (7)

PhotoAlto: Seite 44 (1), Seite 63 (1), Seite 64 (1), Seite 144/145 (3), Seite 146/147 (5), Seite 148/149 (3), Seite 150/151 (5), Seite 152/153 (6), Seite 154/155 (4), Seite 156/157 (3), Seite 158/159 (2)

Photo Disk: Seite 10 (1), Seite 30 (1), Seite 148/149 (1), Seite 154/155 (1), Seite 156/157 (2)

Creativ Collection: Seite 10/11 (6), Seite 12/13 (6), Seite 46/47, Seite 158/159 (4)

IMSI: Seite 156/157 (1)

Patrick Jaros: Buchumschlag (1)

Fritz-A. Popp: Seite 7

Informationen zu Kristallsalz
www.wasser-und-salz.org

Bezugsadressen für Biofleisch

Ökolandbau
Tel. 069-71 58 99 60
www.oekolandbau.de

Bioland-Bundesverband
Tel. 061 31-239 79 0
www.bioland.de

Demeter
Tel. 061 55-84 69 0
www.demeter.de

Naturland e.V.
Tel. 089-898 08 20
www.naturland.de

Biokreis e.V.
Tel. 08 51-75 65 00
www.biokreis-online.de

Bezugsadressen für Galloway-Fleisch

Deutschland
Bundesverband Deutscher Galloway-Züchter e.V.
Godesberger Allee 142-148
D-53175 Bonn
Tel. 02 28 - 37 17 55
Fax 02 28 - 37 18 50

Österreich
Österreichischer Galloway-Verband
Klostertal 20
A-2770 Gutenstein

Schweiz
Vereinigung Schweizer Gallowayzüchter
Rufelistraße 7
CH-3626 Hünibach
Tel. 033 - 243 44 47

Wasser&Salz

Gesundes und bewusstes Leben

Dieses Buch entführt Sie in die fantastische Welt der beiden Urelemente Wasser und Salz und weiht Sie in die neuesten Erkenntnisse der geheimen Kräfte der Natur ein. An praktischen Beispielen wird Ihnen gezeigt, wie Sie mit Wasser und Salz

- gesund werden oder bleiben
- Ihr Wohlbefinden steigern
- Ihr körperliches und seelisches Gleichgewicht wieder finden
- Ihr Bewusstsein erweitern und grenzenlose Energie erlangen

232 Seiten, durchgehend vierfarbig illustriert, kartoniert 23,5 x 17,0 cm, ISBN 3-00-008233-6
€ 20,35 / sFr 39,80

Neben allem Wissenswerten zum Thema Wasser als tägliches Nahrungsmittel informiert Sie dieses Buch umfassend über die Möglichkeiten und Methoden der Trinkwasseraufbereitung.

- Welche Qualität hat unser Leitungswasser?
- Wie kann ich mein Leitungswasser reinigen?
- Wie kann ich mein Leitungswasser beleben?

„Wasser vom Reinsten" bietet Ihnen einen umfassenden Überblick über die wichtigsten Systeme, Verfahren und Geräte mit Hersteller-adressen. Der unentbehrliche Ratgeber für alle, die sich mit der Optimierung ihres Leitungswassers beschäftigen wollen.

144 Seiten, durchgehend vierfarbig illustriert, kartoniert, 23,5 x 17,0 cm, ISBN 3-9808408-1-6
€ 16,80 / sFr 33,60

Anschaulich und leicht verständlich werden dem Leser wertvolle Tipps und Anwendungs-möglichkeiten rund um das Thema Wasser und Salz präsentiert.

Dieses Buch ist ein unentbehrlicher Ratgeber für alle, die auf natürliche Weise gesund und fit bleiben oder werden wollen.

Der beigefügte Dosierlöffel erleichtert die Herstellung der empfohlenen Sole-Konzen-trationen.

56 Seiten, durchgehend vierfarbig illustriert, kartoniert, 15 x 18 cm, mit praktischem Dosierlöffel, ISBN 3-9808408-0-8, € 8,90 / sFr 17,80